질다 르프랭스

누구든 쉽고 재밌게 지정학을 이해하도록 만드는 구독자 11만의 프랑스 유튜버 '미스터 지정학(Mister Geopolitix)'. 대학에서 개발도상국에 대해 연구한 뒤 혼자서 지중해 일주를 하며 16개국의 소식을 전했다. 2016년 유튜브 '미스터 지정학' 채널을 열고 세계사의 흥미로운 주제들

...고 있다.

...outube.com/c/mistergeopolitix

옮긴이 이원희

고려대학교 독어독문학과 졸업 후 독일 쾰른대학에서 어학연수를 마쳤다. 그 후 파리 10대학에서 지정학DEA(박사준비과정) 학위를 받았으며 마른라발레대학 유럽연합연구소에서 박사과정을 수료했다. 옮긴 책으로 《지정학, 지금 세계에 무슨 일이 벌어지고 있는가?》(가디언 2019), 《당신의 무기는 무엇인가》(와이즈맵 2018), 《리얼 노르딕 리빙》(페이퍼스토리 2017), 《프랑스 엄마 수업》(북로그컴퍼니 2014) 등이 있다.

북디자인 김다은 design.daeun@gmail.com
일러스트 클레르 모렐 파시오
지도·그래픽 질다 르프랭스

세상에서 가장 작은 지식 충전소

지정학 카페

세상에서 가장 작은 지식 충전소

지정학 카페

질다 르프랭스 지음 | 최린 옮김

가디언

지정학 카페에 오신 여러분 환영합니다

모험가 여러분, 안녕하세요? 프랑스의 유튜버 질다 르프랭스입니다. 유튜브가 아닌 다른 매체로 여러분들을 만나게 되어 매우 기쁩니다. 고백하자면 종이로 된 책을 쓰는 일은 유튜브 채널을 시작할 때부터 제가 해보고 싶던 도전이었습니다. 그리고 일 년 동안의 작업 끝에 마침내 그 꿈을 이루었습니다.

이 책을 읽는 여러분은 불법 거래, 테러리즘, 종교, 자원과 에너지, 인구, 환경, 전략, 정치 등 오늘날 세계를 좀 더 잘 이해할 수 있는 새로운 지식과 열쇠를 얻을 수 있습니다. 저는 구체적 사례와 가장 최신의 통계를 통하여, 바로 지금 이 순간 지구상에서 뉴스가 되고 있는 다양한 주제를 살펴볼 것입니다. 비록 그중 어떤 현상들의 변화는 우리가 걱정해야 하는 내용입니다. 하지만 지구상에는 반가운 소식도 있으며, 이는 당연히 축하해야 합니다. 책을 준비하면서 가장 어려웠던 작업은 오랜 조사를 마친 뒤 책에 실을 각각의 주제에 대해 가능한 한 완벽한 개요를 만드는 것이었습니다. 예를 들면, 제 유튜브 채널에서 이미 다루어진 어떤 주제(특히 이민과 현대판 노예 제도)에 대해서는 일 년이라는 시간 동안 급격한 변화가 일어나서 최근 동향을 모두 파악해야 했습니다. 주제를 선별하는 것 이외에도 여러 차례 직접 원고를 손보고 지도와 도표도 만들었습니다. 이 책에 실린 사진 중 일부는 제가 외국에 머물 때 직접 찍었습니다.

여러분이 이 책을 흥미롭게 읽어주길 바라며, 무엇보다 이 책에서 다루는 주제에 지속적으로 궁금해하고 관심을 갖길 바랍니다. 지구에서 벌어지고 있는 주요 쟁점을 이해하는 것, 그것이 바로 지구의 미래에 영향을 미치기 시작하는 첫걸음입니다.

정신 나간 모험의 시작부터 응원해준 카미유와 부모님께 깊이 감사드리고 싶습니다.

질다 르프랭스

미스터 지정학
유튜브

차례

☕① 바다의 주인은 누구일까?

지구가 '푸른 별'이란 별명을 얻은 것은 우연이 아니다. 지구의 71퍼센트는 바다와 대양으로 덮여 있다. 우리가 지도상에서 육지를 가리킬 때는 그곳이 어느 국가에 속해 있는지, 그 영토에 대한 주권이 누구에게 속해 있는지 쉽게 알 수 있다. **하지만 대양의 한가운데를 짚는다면, 과연 거기는 누구의 것일까?**

대양은 왜 중요할까?

지구상에서 우리의 삶은 두말할 나위 없이 이런 수역들에 의존하고 있다. 해양 동물군은 전 세계의 숲을 합친 것보다 더 많은 산소를 대기 중으로 방출한다. 지구의 해양은 생선, 갑각류 등 어업 자원을 제공하는 것 외에도, 약리학, 에너지(미세 조류에서 추출되는 식물성 대체 연료), 농산물 가공업(수경 재배), 그리고 화장품 같은 영역에서도 쓰일 수 있는 자원으로 넘쳐난다. 또한 우리 경제에서 90퍼센트의 상품이 수로로 운반되고 있으므로 결국 세계무역은 이러한 해양 세계에 크게 의존하고 있다. 마지막으로, 세계 인구의 60퍼센트가 해안 지역에 살고 있고, 이러한 육지와 바다의 경계점은 간접적 방식으로 수백만의 일자리를 창출하는데 여행, 해수욕 활동, 해양 레저, 항해, 해산물 교역, 외식 산업 등이다. 비록 우리가 대양을 항해하고 일부 해양 자원들을 (때로는 과다하게) 개발하지만, 이 해양 세계를 우리 손바닥처럼 훤히 알고 있지는 못하다. 지구 깊은 바다의 75퍼센트는 아직 탐험되지 않았고, 지도는 아주 미미하게 작성되어 있거나 없다고 추정된다. 게다가 국제기구도 바다와 그 자원을 바탕으로 국가들이 좀 더 지속 가능한 발전을 이루는 '푸른 성장'을 적극 권장하고 있다. 책임감 있고 지속 가능한 방식으로 관리된다면, 대양은 우리가 상상하는 것보다 더 많은 것을 가져다줄 수 있을 것이다.

> **3,800미터**
>
> 대양의 평균 깊이다.
> (당연히 발은 안 닿겠지요!)

바다는 어떻게 분할되는가?

해안을 따라 '기선'이라 불리는 것이 존재한다. 기선은 어떤 국가의 수면 위로 떠오른 부분, 즉 육지와 해양 영역의 지리적 경계선이다. 기선은 일직선 해안, 굴곡이 심한 해안, 군도, 삼각주, 산호초 등 해안의 지리에 따라 다른 방식으로 측정되며, 국제 해양법의 규제를 받고 있다. 이 기선은 거기로부터 한 국가의 해양 영역이 계산되고 각기 다른 구역들로 나누어지게 되기 때문에 중요하다. 기선 내부에 위치한 수역(강, 호수, 해안 기슭)을 '내수'라고 한다. 기선으로부터 12마일(약 22킬로미터)까지 해역이 한 국가의 영해가 되며, 국가는 자국의 영해 안에서 그 해저, 해수면, 영공에 대해 완전한 주권을 행사한다. 다만 운송 중인 외국 상선들은 지나다닐 수 있도록 해야 한다.

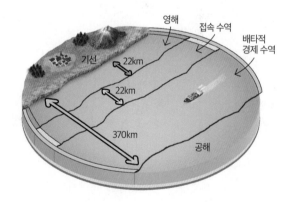

영해를 넘어 다시 12마일에 걸쳐 접속 수역이라는 새로운 구역이 있다. 이 구역에서는, 연안 국가도 그 주권을 완전히 행사할 수 없으며, 관세, 재정, 출입국 관리에 대해서 그 국내법을 적용할 수 있을 뿐이다.

배타적 경제 수역이란 무엇인가?

기선으로부터 200마일(약 370킬로미터)에 걸친 이 거대한 해양 구역은 한 국가가 자유롭게 탐사하고 그 해양자원을 이용할 수 있는 권리를 갖는 영해의 총 범위를 말한다.

전 세계 대양의 약 35퍼센트는 배타적 경제 수역에 포함되어 있는 것으로 추정되며, 미국, 프랑스, 오스트레일리아 3개국 순으로 세계에서 가장 넓은 배타적 경제 수역을 가지고 있다.

프랑스는 자국의 해외 영토 덕분에 최근 배타적 경제 수역이 50만 제곱킬로미터(이전 배타적 경제 수역의 5퍼센트에 해당)만큼 늘어난 것으로 밝혀졌다. 사실 지구상 모든 국가들이 정확한 지리적 기준들에 맞추면서, 최대한도 350

마일의 해역 안에서 자신들의 배타적 경제 수역의 확장을 주장할 가능성을 갖고 있다.

사실이 그렇다면 지구 수역의 35퍼센트는 각 국가들의 규제와 관리하에 있는 것인데, 나머지 65퍼센트는 어떻게 되는 걸까?

44개

바다와 접해 있지 않은 내륙국의 수. 스위스, 볼리비아, 몽골 등이 있다.

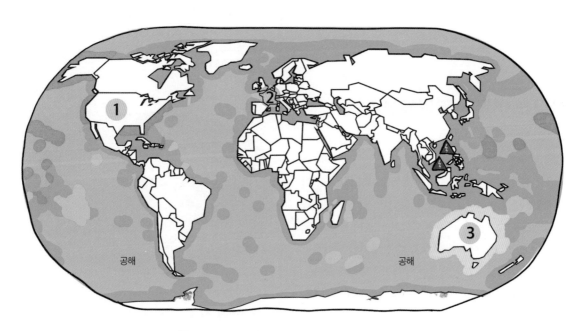

세계 각국들의 배타적 경제 수역
배타적 경제 수역의 분할과 연관된 주요 마찰 지역
가장 넓은 배타적 경제 수역을 가진 상위 3개국

공해란 무엇인가?

만약 지구를 반으로 나눈다면, 지구상에 솟아 있는 모든 대륙과 배타적 경제 수역까지 한쪽으로 몰아넣을 수 있고 나머지 반쪽은 오로지 공해로만 채울 수 있을 것이다. 공해는 정말로 거대한 영역이다! 공해는 '국제 수역'이라 불릴 만큼 모두의 것인 동시에 아무에게도 속해 있지 않은 구역이다. 공해에서 항해와 어업은 전적으로 자유로우며, 그 어떤 국가도 그곳을 자신들 영토의 일부라고 주장할 수 없다.

이 지역은 일종의 무법 상태이고, 그래서 혹자들은 마치 현대판 미 서부 지역과 같다고 말하기도 한다. 1982년 자메이카 몬테고베이에서 수면과 상부 해역에 대한 개발을 관리하는 법률안이 표결되었지만, 해저와 수면 사이의 어업과 수원에 대해서는 아무것도 명시되지 않았다.

공해는 현재 인터넷 혹은 공기와 같은 개념으로 세계 공공재의 지위를 가지고 있다. 그곳은 어떤 특정 국가에 속하여, 그 국가가 다른 국가에게 배포하거나 규제할 권리를 가질 수 없는 지역이다. 예전에는 공해가 거의 간섭받지 않았지만, 국제 교역의 증가와 기후 변화의 영향으로, 일부 관련 국가들은 이 구역을 다른 방식으로 관리해야 한다고 압력을 가하고 있다. 2013년 파리에서는 해양 보호 지역을 비롯해 공해를 '인류 공동의 유산'으로 관리할 것을 요구하는 호소문이 발표되기도 했다.

전문가들은 바다의 영향력이 앞으로 더욱 커질 것이며, 우리가 지구상에서 겪는 식량, 에너지 등의 문제에 대한 해결책을 찾는데 대양이 도움이 될 수 있을 거라 말한다. 그럼에도 불구하고 우리의 경제 활동과 밀접하게 관련된 기후 변화로 인해 바다는 산성화되고 어떤 종들은 멸종의 위협에 놓여 있다. 또한 극지방의 온난화로 잠재적 항로가 드러나고, 이를 노리는 세력들을 불러들인다. 여기에, 현재 국가들 간에 긴장감이 더해지고 있는데 이는 바다의 분할, 특히 중국해에 대한 대립과 관계가 있다. 대양의 미래는 우리가 공해에 대하여 어떻게 법을 만드는가에 달려 있다. 공해를 공동의 재산으로 만들려는 전 세계적 결정은 머지않아 가능할지도 모른다.

2 마약은 어디서 생산할까?

프랑스에서 마약에 관한 보고서와 언론 보도는 마약 소비와 정부 단속에 초점이 맞추어져 있다. 하지만 이런 문제들은 결국 마약 생산과 소비지까지 운반을 포함하는 거대한 사슬의 마지막 단계일 뿐이다. **그렇다면 도대체 마약은 누가 생산하며 어떤 결과를 초래할까?**

마약이란 무엇인가?

마약은 사용 시 의식 상태를 변화시키고 심리적·신체적 문제를 야기하는 모든 물질을 일컫는다. 그중 어떤 것들은 아주 오래전부터 이용되었다. 어떤 아편과 대마초의 사용 흔적은 구석기 시대로 추정될 정도다. 또한 고대 이집트 시대의 방부 처리된 미라들을 싼 헝겊에서 담배의 흔적이 보이는가 하면, 아메리카 대륙에서는 무속인들이 넝쿨식물이나 허브, 버섯, 환각 성분이 있는 선인장으로 만든 음료를 복용해왔다. 중세의 아랍 의학에서는 일부 치료를 위해 아편에 의존하기도 했다. 이 시대에는 마약을 절대적으로 의료나 종교적 목적에서만 사용했다.

시간이 흐름에 따라 마약을 순전히 기분 전환 목적으로 사용하게 되었고, 지난 수십 년간 우리는 마약의 실질적인 세계화를 목격하고 있다. 그렇다면 어떻게 이처럼 다양한 모든 물질을 탐색할 수 있을까?

90퍼센트

헤로인의 약 90퍼센트가 아프가니스탄에서 생산된다.

마약은 어떻게 분류되는가?

마약을 분류하는 첫 번째 방법은 약물이 인간의 몸에 일으키는 효과를 살펴보는 것이다. 아래 도표는 마약의 효과를 단순하게 정리한 것으로, 어떤 물질들은 여러 가지 효과를 동시에 유발한다. 코카인과 카페인, 담배는 신체에 각성제로 작용해 중추 신경계를 흥분시켜 일시적인 에너지 상승을 일으킨다. 이와 반대로, 알코올과 헤로인 같은 일부 물질들은 신경 체계를 마비시켜 신체를 진정시킨다. 이런 약물들은 사용자에게 이완된 느낌과 비몽사몽의 반수면 상태를 느끼게 해준다. 이는 의료 영역에서 쓰이는 모르핀이 왜 여기 속하는지 설명해준다. 마지막으로, 인간의 지각 능력과 기분에 영향을 미치며 정신적 기능을 혼란시키는 물질들도 있다. 물론 접착제나 용해제들도 있지만, 대마초가 대표적인 물질이다.

두 번째 마약 분류 방법은 합법적인 것과 그렇지 않은 것으로 구분하는 것이다. 다만 이 분류는 국가들마다 법률이 달라서 한계가 있다. 세 번째 방법은 물질들의 독성에 의해 중독성이 강한 마약(강한 의존력 및 과다 복용으로 인한 사망 가능성)과 약한 마약으로 분류할 수도 있다. 하지만 이 분류 역시 한계가 있다. 약한 마약으로 분류된 담배와 알코올의 경우 어떤 사람은 심한 의존성을 가진 반면 어떤 사람은 알코올성 혼수상태에 의해 사망할 수도 있기 때문이다.

마약을 원산지에 따라 분류하는 방법도 흥미롭다. 자연적 원료의 마약들은 세계 어디서나 생산되지 않으므로 소비지까지 운반되어야 하는데, 이런 과정이 모든 불법 거래 사슬을 키우고 세계적 차원에서 진정한 지정학적 문제들을 야기한다. 이런 이유로 이제 코카인, 헤로인, 대마초에 초점을 맞추어 살펴볼 것이다.

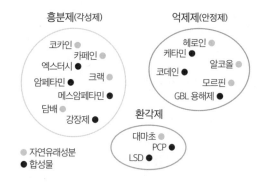

흥분제(각성제)
- 코카인
- 카페인
- 엑스터시
- 암페타민
- 크랙
- 메스암페타민
- 담배
- 강장제

억제제(안정제)
- 헤로인
- 케타민
- 알코올
- 코데인
- 모르핀
- GBL 용해제

환각제
- 대마초
- PCP
- LSD

- ● 자연유래성분
- ● 합성물

마약은 어디서 재배되는가?

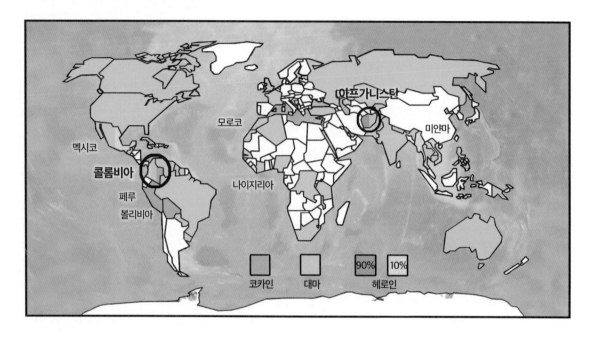

코카인은 안데스 지방에 있는 세 국가 콜롬비아, 페루, 볼리비아에서만 자라는 '코카'라는 식물에서 추출된다. 나뭇잎에는 약학적 성질에 유효한 성분이 들어 있는데, 이 때문에 안데스 지방 주민들은 일상생활에서 끓여서 차로 마시거나 씹어서 섭취하고 있다. 하지만 일단 변형되고 나면, 이 나뭇잎들은 하얀 분말의 형태인 코카인으로 제조되는 데 쓰인다. 미국 드라마 시리즈 〈나르코스〉에서 볼 수 있듯이, 콜롬비아는 마약 불법 거래로 엄청나게 타격을 입었는데, 인터폴에 의하면 2000년대 초반 전체 시장의 약 70퍼센트를 이 국가가 지배하고 있었다.

헤로인은 양귀비과 식물인 아편 양귀비에서 나온다. 전세계 헤로인의 거의 90퍼센트가 아프가니스탄에서 생산된다. 나머지는 소량으로 미얀마, 라오스, 베트남, 멕시코, 콜롬비아에서 재배된다.

마지막으로 대마초는 사용하는 식물의 부위(잎 또는 수액)에 따라 여러 가지 이름을 가지고 있는데, 대마초는 인도 대마에 붙여진 이름이다. 대마초는 공업용 마(섬유질을 사용하는)보다 THC(테트라히드로칸나비놀)로 더욱 정제된 버전이며 여러 국가, 특히 모로코에서 나고 있다.

누가 마약을 재배하는가?

이런 식물을 경작하는 사람들은 '소농민'들이다. 종종 수익성이라는 선택에 직면하게 되면, 이 현지 생산자들은 옥수수, 밀, 벼와 같은 통상적인 작물 재배 사이에, 마약 재배를 위해 주저 없이 경작지 일부를 할당한다.

어떤 연구에 의하면, 미얀마에서 같은 크기의 경작지에 양귀비를 재배하는 것이 벼를 재배하는 것보다 17배나 많은 수익을 농부에게 가져다준다. 그러니 어떻게 경쟁이 되겠는가? 그 누구도 양귀비나 대마초가 재배되는 것을 막고 농부에게 더 나은 수익성을 가져다주기 위해 쌀값을 17배나 비싸게 지불할 용의가 있지 않을 것이다. 바로 이 점이 우리의 주목을 끈다. 즉 수요가 존재하고 돈을 벌 수 있는 가능성이 있는 한, 경찰의 감시에도 불구하고 농부들은 마약 생산을 계속할 것이다. 그렇다면 '마약과의 전쟁'은 '빈곤과의 전쟁'이 된다. 이 경우, 농부들에 대한 정부의 단속은 지구상에서 마약에 대한 수요를 줄이지 못한다. 이들 삶의 질 역시 개선시키지 못한다.

농부들은 자신들에게 더 나은 수익을 가져다줄 수 있다면 식물을 직접 가공해 완제품을 만들기도 한다. 그럼으로써 이들은 더 불법에 빠지고, 더 많은 위험에 노출된

멕시코 북부의 농부

다. 어떤 나라들은 국제연합(UN)의 지원을 받아 비슷한 수익을 내는 새로운 농작물을 대체해 자신들의 영토에서 마약 생산이 사라지게 만들었다. 예컨대 터키는 농부들에게 마약 대신 목화를 재배하도록 유도했다. 하지만 이런 방법은 경우마다 다르며 어느 곳에나 적용될 수는 없다. 아프가니스탄 같은 국가들은 아편 생산이 지역 경제의 최대 50퍼센트까지 차지하기 때문이다.

마약 생산과 연결된 문제들을 이해하는 것은 좀 더 방대하고 복잡한 그림을 파악하기 위한 첫 번째 단계다. 이 현상을 전체적으로 보기 위해서는, 마약 소비의 보건적 영향, 조직범죄의 확대와 관련된 위험, 이 문제에 적용되는 국제법과 국내법에도 관심을 가져야 한다. 또한 합성 마약물은 지구 어디서나 만들어질 수 있다는 점도 간과해서는 안 된다.

☕③ 빈곤이 사라질 수 있을까?

빈곤은 물질적 고통뿐 아니라 심리적 고통까지 유발하는 폭력의 한 형태다. 그렇다면 지구상에서 가장 가난한 계층과 관련된 질대적 빈곤은 어떠한가? 절대 빈곤의 개념을 생각하면 우리는 무의식적으로 아프리카의 일부 지역들을 떠올리지만, 이는 오늘날에도 여전히 사실일까? 빈곤은 전 세계에서 어떻게 진행되고 있을까? (스포일러: 앞으로의 전망은 나쁘지 않다는 소식이 있다!)

절대적 빈곤이란 무엇인가?

빈곤은 전 세계적이고 세계의 어느 국가도 피해갈 수 없으며, 인류가 지구상에 출현한 이래 늘 존재해왔다. 국제연합이 상기시키고 있듯이 "빈곤은 소득의 부족에만 국한되는 것이 아니다. 그것은 기아, 영양실조, 교육과 다른 기초 서비스에 대한 제한된 접근, 사회적 차별과 배제, 의사 결정에 대한 불참의 형태로 나타난다." 빈곤은 지구상 모든 곳에 존재하지만, 어디서나 같은 유형으로 나타나지는 않는다. 프랑스 사회학자 세르쥬 포감은 빈곤을 다음 세 가지 유형으로 제시한다.

1. **통합적 빈곤.** 오랜 기간에 걸친 국가 개발로 인한 전통적 형태의 가난. 사람들은 가난으로 비난받지 않고 사회에 통합되어 있다.
2. **부적격적 빈곤.** 불안정성에 시달리며 절대 빈곤으로 추락하기 직전에 있는 사람들. 대부분 가난한 노동자들이다.
3. **소외적 빈곤.** 인구상으로는 적은 비율이지만 매우 강한 비난의 대상. 완전히 파탄 상태에 놓여 있는 길거리에서 볼 수 있는 노숙자들의 경우다.

절대적 빈곤은 이러한 부류 중에서 가장 가난한 사람들을 묶은 것이다. 이를 평가하기 위해서는 두 가지 방법이 존재한다. 사회적 현실을 반영한 국제연합개발계획(UNDP)의 방법이 하나이고, 세계은행의 방법은 좀 더 금전적 접근을 하고 있다.

국제연합개발계획은 인간빈곤지수(HPI)라는 지표를 이용하는데, 이 지수는 주민 평균수명, 교육수준, 생활여건(유아영양실조, 식수와 보건서비스에 대한 접근성)과 같은 몇 가지 요소들을 반영하고 있다. 선진국들의 경우, 여기에 빈민 소외 정도를 측정하는 요소를 추가한다.

세계은행은 '빈곤선'이라고 부르는 수치를 측정한다. 주민 한 명당 하루에 1.9달러의 한계선 아래로는 가장 최저 범위에 속한 것으로 본다. 나라별 생계 비용의 차이를 반영하기 위하여 다른 계산법이 쓰이고 있다.

절대적 빈곤 상태에 있는 사람들은 어디에 있는가?

지난 수십 년간 아시아와 아프리카 양 대륙으로 쏠림 현상을 보였다. 1990년에는 극빈층의 12퍼센트가 사하라 이남 아프리카에 있는 데 비해, 50퍼센트는 동아시아 지역에 있었다. 2015년에는 수치가 완전히 역전되어 가장 높은 수치를 보이는 곳은 사하라 이남 아프리카다. 마다

가스카르와 콩고민주공화국에서는 국가 인구의 80퍼센트가 국제적 빈곤선 이하의 생활을 하고 있다.

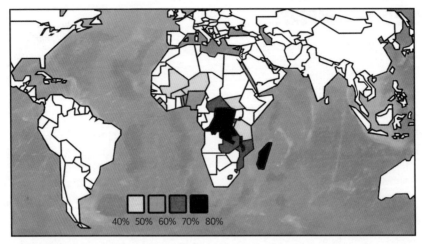

2014년 기준 아프리카 지역 국가 인구 중 절대적 빈곤층의 비율(세계은행). 아시아 국가들은 인구 밀도가 매우 높기 때문에 '절대 빈곤층 인구'와 '국가 전체 인구'의 비율이 아프리카나 아이티공화국(50~60퍼센트 사이에서 오락가락하는)에 비해 상대적으로 낮다.

절대적 빈곤 상태에 놓인 사람들은 얼마나 많은가?

절대적 빈곤 상태에서 살아가는 사람들의 숫자는 1820년과 1970년 사이에 세계적으로 2배가 되었다. 세계 인구는 같은 기간 3배 증가하였다. 세계 인구가 2018년 지

구상에서 70억 명을 넘어설 정도로 폭등한 데 비해, 절대 빈곤은 주민들의 겨우 10퍼센트에만 영향을 미칠 정도로 줄어들었다. 2000년대는 절대 빈곤과의 전쟁에서 결정적인 시기였던 것으로 보인다. 왜냐하면 일부 국가들의 성장 둔화, 경제 위기, 분쟁에도 불구하고 그 수치가 반으로 떨어졌으며 계속 줄고 있기 때문이다. 이러한 결과는 대단히 고무적이지만, 국제기구들은 아직도 개발도상국에서 5명 중 1명이 하루에 1.25달러도 안 되는 돈으로 살고 있다는 사실을 강조한다. 물론 그보다 조금 더 위에 위치하지만 언제든지 다시 빈곤선 아래로 떨어질 위험이 있는 사람들도 잊어서는 안 된다.

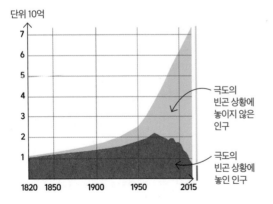

단위 10억

극도의 빈곤 상황에 놓이지 않은 인구

극도의 빈곤 상황에 놓인 인구

절대적 빈곤은 어떻게 감소했는가?

몇 가지 이유들을 생각해볼 수 있는데, 그중에서도 일부 아시아 국가들의 급격한 발전이다. 1990년대 말부터, 동아시아와 태평양 지역 국가들은 하루 1달러 이하로 사는 사람들의 수를 40퍼센트, 하루 2달러 이하로 사는 인구 비율을 20퍼센트 줄이는 데 성공했다. (이 모든 걸 10년 동안에 해냈다!) 특히 이들 국가 중에서, 빈곤으로부터 수백만 명의 인구를 탈출시킨 중국을 꼽을 수 있다.

2000년, 국제기구에서 채택한 의제인 밀레니엄개발목표(MDGs)는 세계 모든 국가들에게 유효하고 시행되는 프로그램이었다. 이 프로그램은 8개의 축을 포함하고 있었는데, 그 궁극적 목적은 몇 가지 목표를 2015년까지 도달하는 것이었다. 첫 번째 축은 절대 빈곤과 기아를 50퍼센트 수준으로 줄이는 것으로, 이 목표는 기간이 끝나기도 전에 달성되었다.

하지만 일부 전문가들이 지적하듯 "빈곤층이 10퍼센트인 국가는 70퍼센트인 국가에 비해 빈곤을 줄이는 게 더 수월하다". 이 때문에 앞의 지도에 표시된 빈곤율이 사하라 이남 아프리카에서 문제의 심각성과 왜 아시아에서만큼 문제가 빨리 해결되지 못하는지를 이해하는 데 매우 유용한 것이다.

2015년부터 2030년까지, 밀레니엄개발목표의 뒤를 이어 지속가능개발목표(SDGs)가 정해졌다. 이번에는 8개의 축이 아니고 17개의 목표에 관한 것이며, 그 첫 번째는 '절대적 빈곤의 완전한 퇴치'라고 명명되었다. 이는 야심찬 계획이면서도 달성 가능한 목표다. 여기에는 사하라 이남 아프리카 국가의 가장 취약한 계층(유아, 여성)에 대한 우선적 지원을 목표로 하는 특별 개발 프로그램이 수반된다.

절대적 빈곤과의 전쟁은 성공적이지만, 이 문제는 좀 더 자주 신문 1면에 다루어져야 할 것이다. 그동안의 발전은 미래를 위해 굉장히 좋은 조짐이며, 세계은행 김용 총재가 언급하듯 "현 세계에 가장 반가운 소식이다. 왜냐하면 이러한 예측은 우리가 절대 빈곤에 종지부를 찍을 수 있는 인류 역사상 최초의 세대라는 걸 증명해주기 때문이다". 지속적으로 노력을 기울이는 건 우리에게 달려 있다!

☕ 스포츠 행사를 왜 열까?

러시아에서 2018년 월드컵 게임이 열렸고, 프랑스는 2024년 파리에서 하계 올림픽 개최를 준비하고 있다. 이런 대규모 스포츠 행사들은 세계 각처에서 운동선수들과 운동 팀을 불러 모으고, 전 세계 카메라를 끌어들인다. 그럼에도 불구하고 각 행사 때마다 이런 행사는 돈 낭비일 뿐이며 일부만 이득을 보는 것임을 시사하며 항의하는 소리가 들린다. **대규모 스포츠 행사들에 대한 옐로카드일까? 개최국은 실제로 이득을 보는 걸까?**

대규모 스포츠 행사의 종류는?

배드민턴에서 럭비까지, 스포츠는 군중을 모이게 한다. 그리스와 이탈리아의 고대 경기장들이 이런 열정을 역사적으로 증명하고 있으니, 새로울 것도 없다! 스포츠 행사들 가운데서도 두 가지가 유독 타의추종을 불허하는데, 바로 올림픽과 월드컵이다. 올림픽은 매번 새로운 도시에서 개최되며, 국제올림픽위원회(IOC)에서 다양한 기준에 대한 분석을 거친 뒤 개최 도시를 선정한다. 월드컵은 4년마다 국제축구연맹(FIFA)에서 주최한다. 이 대회는 본선에서 한 달 동안 대결할 32개팀을 가리기 위해, 예선전 단계를 거친 후 진행된다. 후보국의 선정은 전체적으로 올림픽과 같은 방식으로 진행된다. 스포츠 경기와 단결의 정신을 넘어 이런 큰 행사는 정치, 경제, 사회, 지정학적 영역까지 영향을 미친다.

스포츠 행사는 어디서 열리는가?

오랫동안 이런 행사들은 선진국들이 개최해왔다. 1896년부터 1952년까지 올림픽은 서유럽과 미국에서만 번갈아 개최되었으며, 그 후 20년 동안도 여전히 일본이나 오스트레일리아와 같이 서구화된 국가들에 의해 독차지되었다. 1968년이 되어서야 멕시코에서 올림픽이 열리면서 상황이 변하기 시작하였다. 그리하여 2000년대 이전에는 후보국 중 신흥국이나 개발도상국의 비율이 20퍼센트밖에 안 된 반면, 오늘날 이 비율은 특히 카자흐스탄이나 쿠바의 입후보로 50퍼센트를 넘어서고 있다.

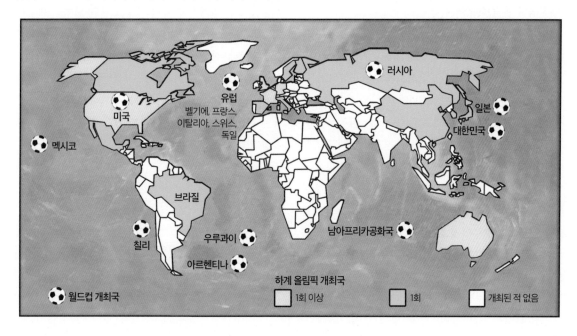

러시아
유럽
벨기에, 프랑스, 이탈리아, 스위스, 독일
미국
일본
대한민국
멕시코
브라질
칠리
우루과이
남아프리카공화국
아르헨티나

월드컵 개최국

하계 올림픽 개최국
1회 이상 ㅤ 1회 ㅤ 개최된 적 없음

단기적이고 직접적인 영향은 무엇인가?

긍정적 영향으로는 개발 건설과 경제적 파급 효과, 이 두 부류로 나눌 수 있다. 그러한 행사를 개최하려면, 개최국은 올림픽 숙소 단지, 경기장, 도로, 터널, 철도, 공항, 요식 시설 등 그에 맞는 인프라를 갖추어야 한다. 이는 엄청난 예산에 관한 문제이고, 무엇보다도 신흥국이나 개발도상국들에게는 다른 우선순위의 영역(보건, 교육)에는 이루어질 수 없을 만한 금액인 것이다!

2012년 아테네 올림픽에는 140억 달러가 소요되었고 이는 국가의 부채를 더욱 가중시켰다고 추정된다. 그래도 역대 가장 비싼 올림픽으로 손꼽히는 2008년 베이징 올림픽(320억)과 2014년 소치 올림픽(360억)에는 비할 바가 아니다.

그토록 짧은 기간에 그렇게 많은 인프라를 건설하려면 단기간에 조절해야 하는 문제가 야기될 수 있다. 2020년 카타르 월드컵의 경우, 일부 회사들이 강요하는 작업 속도와 작업 환경 때문에 논란이 끊이지 않고 있다. 어떤 언론은 심지어 '현대판 노예' 또는 '창살 없는 감옥'이라고 말한다. 2013년 여름 동안 40명의 노동자가 사망했고 건설업자들이 변경 사항을 발표했음에도 불구하고, 일부 노동조합들은 2022년까지 4,000명의 노동자가 사망할 것으로 예측하고 있다. 브라질에서는 약간 다른 상황이 벌어지고 있는데, 7만 명의 인원이 올림픽 경기장 건설을 위해 강제 동원되었다. 또한 거대한 '생태' 장벽이 공항으로 연결되는 고속도로를 따라 올림픽 경기장 주변에 위치한 13개의 빈민촌 주위에 세워졌다. 마치 도시 숲을 거주 구역 확대로부터 보호하려는 취지인 것처럼 발표했지만, 비평가들은 지역에 대한 좋은 이미지를 주려고 빈민촌을 가리려는 목적, 그 이상도 이하도 아니라고 단정 지어 말한다.

만일 국가들이 이런 건설 작업을 착수했다면, 이에 소요되는 비용을 충당할 수 있는 경제적 파급 효과를 기대하기 때문이다. 이는 예상되는 관광객 수에 그들의 평균 비용을 곱한 것을 추정하여 계산한다. 하지만 이런 파급 효과는 세 가지 경제적 영향에 의해 제동이 걸릴 수도 있다.

1. 대체 효과 관람객의 많은 비중이 현지 사람들로 구성되어, 그 시기에 그 나라 다른 지역에서 지출했을 비용을 올림픽에서 지출하는 것이다. 부의 창출은 없고, 단지 이동만이 있을 뿐이다.

2. 축출 효과 그 국가를 방문할 예정이었던 일부 관광객들이 올림픽 개최 통보에 따라 갑자기 그들의 휴가지를 변경할 수 있는 것을 말한다. 남한의 경우, 올림픽 기간 동안 전년도 같은 기간과 비교할 때 관광객의 숫자는 거의 동일했다.

3. 유출 효과 공권력이 경제 파급 효과의 일부를 포착해 이를 회계 균형에 맞추는 데 이용하는 것을 뜻한다. 경제적 유출은 혼란을 야기하며, 모두에게 이롭지 않다.

이러한 잠재적 위험 이외에도, 시설들을 위해 설정된 예산은 늘 (크게) 초과된다는 사실을 고려해야 하고, 따라서 수지 타산을 맞추려면 그만큼 더 많은 경제적 파급 효과들을 기대해야 한다.

> **30~40퍼센트**
>
> 소치 올림픽 조직 위원회의 예산 중 30~40퍼센트는 부패로 인해 횡령되었다.

장기적이고 간접적인 영향은 무엇인가?

파급 효과는 올림픽이 끝난 후에도 바로 멈추지 않고 이후 몇 년간 계속해서 흔적을 남길 수 있다.

시설물들을 장기적 관점에서 고려하였다면, 실제로 그 도시가 혜택을 볼 수 있다. 바르셀로나의 경우가 대표적인데, 1992년에 올림픽을 계기로 공사한 해변가는 지금도 여전히 빼놓을 수 없는 관광 명소다. 그럼에도 불구하고 우리가 자주 보는 이미지는 이와 다르다. 인수할 기업이 없어 아무런 수익을 내지 못하고 계속 비용만 드는 거대한 시설물들이 서서히 방치되고 있다. 소위 흰코끼리 (소유주가 처분할 수 없고, 그 쓸모에 비해 유지보수가 많이 드는 소유물. 현대에서는 비싸지만 사용이나 가치가 없는 것으로 간주되는 물건, 건축 프로젝트, 계획, 사업 벤처, 시설 등을 뜻함-역주) 문제로 등장하는 것이다. 아테네의 폐허가 된 건물들, 자라나는 해초들로 가득 찬 리오의 수영장, 그레노블 주민들의 세금에 징수되는 천문학적 금액…. 다만 런던과 같은 몇몇 드문 예외적 경우들은 모든 시설들이 그런 운명을 가지는 것은 아니라는 사실을 알려준다.

정책 결정권자들이 가장 추구하는 듯 보이는 장기적 영향을 '확대 효과'라고 부른다. 얼마나 많은 사람들이 남아프리카와 브라질에서 올림픽이 개최되는 것을 본 후 그곳을 방문하거나 거기서 사업을 진행하기로 결정했을

까? 그런 행사가 언론을 통해 제공하는 가시성은 믿을 수 없을 만큼 강력하며, 다른 어떤 광고 캠페인과도 비교가 안 된다. 따라서 많은 후보국들이 장차 몇 년 또는 몇십 년에 걸쳐 국가에 새로운 잠재적 수익을 창출하게 될 명성과 인지도를 얻을 수 있을 것이라 믿고 있다.

대규모의 국제적 대회가 한 도시, 더 나아가 한 국가의 상황을 악화시킬 수 있다는 사실을 증명하는 많은 논쟁과 사례에도 불구하고, 과거의 몇몇 경우는 거기서 무시할 수 없는 이윤을 챙길 수 있다는 것을 기억하게 한다. 핵심은 대회에 대한 장기적인 계획과 행사가 끝난 후 시설물에 대한 재사용에 있다. 하지만 후보국 간 경쟁이 심화되면서 다른 상대보다 돋보이기 위해 좀 더 웅대하고 많은 비용이 드는 준비로 이어지는 것이 문제다.

☕ 5 산림 파괴의 원인은 무엇일까?

우리 모두는 숲을 파헤친 길, 불도저, 땅에서 통째로 뽑힌 식생과 나무들에 대한 참담한 이미지들을 이미 충분히 보았다. 기계들은 녹음이 울창한 숲으로부터 황토색, 점토질의 헐벗은 땅만을 남겨놓는다. 이미지는 충격적이고 걱정스럽다. 숲이 사라지고 있는 지역은 어디일까? 반면 어떤 국가들은 매해 그들의 산림 면적을 늘리는 데 성공하고 있다. 산림 문제에 대한 모든 것을 검토해봐야 할 때다.

산림은 왜 중요한가?

2015년 국제연합식량농업기구(FAO)에 의하면 지구 지표면의 30.6퍼센트가 숲으로 덮여 있다고 추정된다(1990년 31.6퍼센트 대비). 지리와 기후(한대·온대·열대·지중해성)에 따라 숲은 다른 형태로 존재한다. 이런 산림의 93퍼센트는 1차 자연림(원시림)과 2차 자연림(자연적으로 재생되는 숲)인 반면, 나머지 7퍼센트가 인간에 의해 조성된 산림이라는 것은 흥미로운 사실이다.

지구상에서 숲의 존재는 우연이 아니다. 숲은 우리가 공기 중에 뿜어내는 이산화탄소의 40퍼센트가량을 흡수하며, 토양을 보호하고, 또 지하수층이 복원될 수 있게 한다. 숲은 세계적 생물 다양성의 많은 부분을 수용하며, 우리에게 필요한 것들(난방·건설·약학·음식)을 얻을 수 있게 해준다. 또한 숲은 세상으로부터 단절되어 있지 않다. 어떤 사람들은 숲속에 또는 그 주변에 살면서 수세기 동

유카탄(멕시코 남동부의 주-역주) 열대 숲

안 그 환경에 직접적으로 의존하고 있다. 국제연합식량농업기구는 이렇게 살고 있는 사람들이 약 3억 명가량이며, 그중 6,000만 명, 즉 프랑스 인구보다 약간 적은 수의 사람들이 원주민이라고 헤아리고 있다.

벌목을 하는 이유는 무엇일까?

사람들은 주로 나무를 얻으려고 산림을 파괴하는가? 아니면 다른 자원을 얻으려고 하는 것일까? 국제연합식량농업기구에 따르면, 사라진 산림 면적의 80퍼센트가 '농업적 목적'으로 훼손되었다. 즉 주로 농업 활동과 목축을 위한 공간이 필요해서 나무들을 자르는 것이다! 세계 인구가 늘어나니 더 많은 사람들을 먹일 수 있어야 하는데, 이는 생계 농업(밀·쌀·옥수수) 또는 조방농업(대두·팜유)의 확대로 나타날 수 있다. 아마존에서는 소의 사육이 산림 파괴의 주요한 원인이며, 대두의 기업적 농업이 그 뒤를 이으며, 그다음에서야 목재 판매다. 아프리카에서는 현지 생계 농업이 산림 파괴의 가장 주된 원인이다.

상대적으로 적은 규모이고 언론에 훨씬 덜 노출된 현상이

> **30퍼센트**
>
> 집약적 농업은 아프리카에서는 산림 파괴의 30퍼센트를 차지하는 데 비해, 라틴아메리카에서는 산림 훼손 원인 중 70퍼센트를 차지한다.

지만, 역시나 산림 파괴의 원인은 '도로 건설'이다. 설령 이런 개발이 고립된 지역을 서로 연결함으로써 국가를 발전시키기 위한 목적이라 할지라도, 이 도로들은 인구를 이동시키는 새로운 역동성을 창출하며, 새로운 인프라(전기 정비·주유소·식당·주택·새로운 도로)의 구성을 유도하는데, 이러한 것들은 차례차례 숲을 붕괴하고, 조금씩 사라지게 만들 것이다. 국제연합식량농업기구에 따르면, 도로와 도시의 확대가 세계 산림 파괴에 20퍼센트가량 책임이 있다고 한다.

농업과 도시화에는 훨씬 못 미치지만, 목재의 판매 또한 산림 훼손의 원인이다. 벌목의 일부는 인간이 조성한 7퍼센트의 숲에서 이루어지지만, 어떤 수종들은 희귀하고 수익성이 뛰어나기 때문에, 1차 산림의 귀중한 나무들도 목표가 된다. 벌목은 합법적인 방식으로 관리되지만, 이윤의 유혹 앞에서 수많은 불법적 벌목이 해마다 목격된다. 그린피스가 지적하는 바에 따르면, 악덕 임업자들이 자주 쓰는 수법은 자신들의 토지에서 자라는 나무의 숫자를 장부에 부풀려서 기입한 후, 벌목이 금지된 공유지와 원주민 자치 구역, 자연 보호 구역 등에서 몰래 벌목하고, 그것을 자신들의 경작지에서 나온 것처럼 꾸미는 것이다.

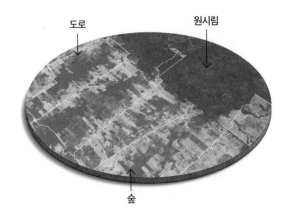

산림 훼손으로 가장 큰 타격을 입은 지역은?

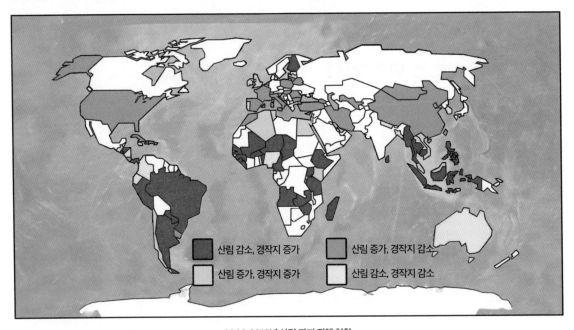

산림 감소, 경작지 증가

산림 증가, 경작지 감소

산림 증가, 경작지 증가

산림 감소, 경작지 감소

2000-2010년 산림 파괴 진행 현황

2016년 국제연합식량농업기구 연구 보고서에서 전문가들이 지적한 바로는 1990년 이래 온대 지역 국가들에서는 산림 면적이 늘어나고 한대와 아열대 지역에서는 그대로 유지되고 있는 반면, 열대 지역에서는 감소했다.

실제로, 2000년과 2010년 사이에 열대 국가들은 1년에 700만 헥타르의 산림을 잃고, 매해 600만 헥타르의 농경지를 얻었다. 흥미로운 사실은 이러한 변화는 평균 소득이 낮고 농촌 인구가 폭발하는 국가들에서 일어나고 있다는 것이다. 이는 '2000~2010년 산림 파괴 진행현황'을 보여주는 지도에서 붉은색으로 표시된 국가들을 보면 파악할 수 있다. 참고로 색이 칠해져 있지 않은 국가들은 해당 기간에 변동이 없었거나 연구에 필요한 특정 데이터를 구할 수 없었다는 것을 의미한다.

그리고 2010년과 2015년 사이에는, 비록 그 전년도들에 비해 경미하게 둔화되기는 했지만, 산림 면적상 가장 큰 손실을 기록한 곳은 아프리카와 남아메리카다.

산림 파괴를 막을 수 있을까?

문제점들이 제기된 만큼, 이러한 현상의 미래 변화에 대해 의문을 갖는 것은 흥미로운 일이다. 국제기구와 주요 민간단체(NGO)는 산림 생태계의 가치에 대한 교육의 부재와 일부 국가들이 직면하고 있는 규제의 문제들(부패와 법 집행의 어려움) 때문에 특정 지역에서 산림 파괴의 원인이 확대되고 있다고 강조한다.

수십 개의 나라에서 늘어나는 인구를 먹여 살리는 동시에 토지의 산림 면적을 유지하는 것이 충분히 가능하다는 사실을 증명했다. 이는 결론적으로 동일 면적에 더 나은 생산성이 필요하다는 것을 말한다. 이 중 12개국은 1990년 이래 산림 영토를 10퍼센트 이상 늘리는 데 성공했다.

예컨대 프랑스는 나무가 매우 풍부하다. 영토의 30퍼센트가 숲으로 덮여 있으며, 2014년 유럽에서 가장 많은 산림을 소유한 세 번째 국가로 자리매김했다(산림 면적이 95퍼센트이며 세계 1위에 있는 프랑스령인 기아나 제외). 이런 돋보이는 수치에도 불구하고, 2016년 말 기준 45만 명을 고용하고 있던 목재 산업이 최근 10년간 심각하게 둔화되면서 우려의 목소리가 높아지고 있다. 간단히 말해서, 프랑스는 많은 목재를 팔지만, 목재 가공의 대부분은 해외, 특히 중국에서 이루어진다. 게다가 일부 전문가들은 산림을 충분히 개발하고 있지 못하며, 가격도 너무나 체계적이지 않다고 평가한다. 하지만 이러한 수익성 결여와 경쟁력 상실에도 불구하고, 환경적 측면에서 결산은 긍정적이다. 왜냐하면 매해 프랑스의 산림은 7만 8,000헥타르씩 늘어나고 있기 때문이다.

아프리카와 아시아에서 인구 증가 과도기가 끝날 때까지 세계 인구 증가는 피할 수 없다. 산림 파괴에 대한 해결책은 같은 토지에서 더 많은 농산물을 생산할 수 있는 우리의 능력에 달린 듯하다. 국제연합식량농업기구 사무국장의 말을 인용하자면 이렇다. "추세는 긍정적입니다. 하지만 우리는 더 잘해야 합니다."

☕ 난민은 어디서 생길까?

시리아 분쟁에 따른 이주 위기에 대해 유럽 언론들은 대서특필했고, 최근에는 미얀마 로힝야족 집단 탈출 행렬이 그 자리를 차지하고 있다. 그런데 언론은 세계의 인구 이동에 대한 현실적인 모습을 제공하고 있는 걸까? 지구상의 다른 곳에서도 사람들이 이렇게 이동하고 있을까?

이주민 = 난민?

국제연합에 의하면, 이주민이란 어떤 국가에서 출생해 그 이유가 무엇이든 다른 국가에서 1년 이상의 기간 동안 살고 있는 사람이다. 따라서 이는 코트디부아르로 떠난 세네갈 노동자를 포함하고 중국에 교환 학생으로 간 프랑스 학생도 포함한다. 하지만 이주민이라는 큰 카테고리 안에는, 강제로 자신의 집을 떠날 수밖에 없는 사람들, 즉 망명 요청자도 있다. 이들은 수용국이 자신들의 상황을 심사하는 기간 내내 그 지위를 유지하며, 만일 그들의 처지가 1951년 체결된 난민에 관한 제네바 조약에 부합한다면, 난민의 지위를 얻게 된다. 강제로 자신의 집을 떠날 수밖에 없는 사람도 그가 도착한 국가에서 수용 요청을 받아들여야만 난민이 될 수 있는 것이다.

이러한 조건을 충족하려면, 개인적인 자격으로 학대를 당하거나 개인적으로 학대의 위험이 높은 상황에 노출되어 있어야만 한다. 난민의 지위는 자동적으로 부여되지 않으며 (전쟁 중인 국가 출신의 사람에게도) 직접적인 학대를

하루 44,400명

📍 2017년에 폭력을 피해 탈출한 사람의 수

보여줄 증거를 가지고 있어야 한다.

경제적 이주와 폭력에서 탈출한 망명 요청자를 분리하는 경우도 있다. 하지만 실제로는 구분하기가 쉽지 않다. 왜냐하면 전쟁으로부터 도피하면서도 이주민은 다른 곳에서 더 윤택한 삶을 원하기 때문이다. 떠나는 이유가 복합적이므로 정치적, 경제적 요인이 혼합된 이동이라고 말한다.

2015년은 특히 강한 인상을 남겼다. 제2차 세계 대전 이후로 시리아 전쟁이나 이라크 전쟁 또는 에리트레아, 수단 등 민족 탄압이든 그 정도의 사람들이 자신의 집을 떠나야만 했던 적은 없었기 때문이다. 그리고 안타깝게도 2017년에는 새로운 기록이 나오게 된다. 2015년에 6,530만 명, 2016년 말까지 6,560만 명, 2017년도에는 6,850만 명이 자신들의 고향을 떠났다.

이주민은 그들의 나라를 떠나는가?

2017년 6,580만 명 이주

58.5%	37%	4.5%
이동	난민	망명 신청

이렇게 고향을 떠난 사람들 대부분은 자신이 살던 지역을 떠나서 그 나라 안의 다른 곳으로 도피한다. 이런 사람들을 가리켜 '이동을 한 사람들'이라 하며, 그 수는 현재 시리아에 가장 많다. 그다음으로 콜롬비아, 콩고민주공화국, 아프가니스탄이다.

그리스 레스보스 섬의 난민들

이동하는 사람들의 대부분이 국경을 넘지도 못하는 상황인데 반해, 언론에서 가장 많이 다루어지는 인구 이동이 해외로의 이동을 시사하고 있는 점은 매우 흥미롭다. 2016년을 살펴보면, 국내로의 이동은 약간 줄어들었으나 해외로 도피하는 인구는 조금 늘었고 그중 대부분이 거의 절대적으로 시리아, 아프가니스탄, 남수단, 미얀마, 소말리아 5개국에서 오고 있다. 또한 국제연합난민고등판무관 사무소에 의하면, 2017년 난민 5분의 1이 팔레스타인 사람들이었으며, 일부 인구의 이동(예멘)은 정확한 정보가 없어서 순위에 집계조차 되지 않는다고 한다.

주요 난민 수용국은 어디인가?

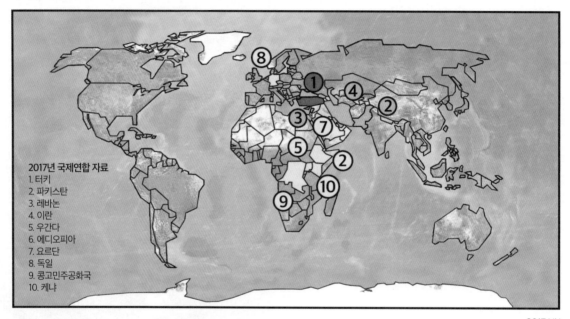

2017년 국제연합 자료
1. 터키
2. 파키스탄
3. 레바논
4. 이란
5. 우간다
6. 에디오피아
7. 요르단
8. 독일
9. 콩고민주공화국
10. 케냐

2017 UN

현재, 난민의 85퍼센트는 개발도상국에 거주한다. 이 국가들은 난민을 수용하기에 최선의 조건을 갖추고 있지 못하지만, 전쟁 중이거나 폭력으로 시달리는 나라의 인접국이라는 특징을 가지고 있다. 이런 난민들을 수용하고 있는 국가의 숫자는 실제로 매우 한정되어 있다. 2017년 기준, 단지 10개의 국가가 난민의 56퍼센트를 수용하고 있었다.

52퍼센트

2017년에는 이주민들의 52퍼센트가 아동이었다.

이주는 어디로 향하는가?

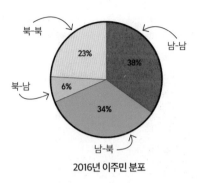

2016년 이주민 분포

향해서(멕시코에서 미국으로, 시리아에서 터키로) 이루어졌지만, 다수는 여전히 계속해서 남쪽 국가들 사이에서 이루어지고 있다. 수십만 명의 로힝야족은 미얀마를 탈출하여 방글라데시로 갔고, 아프가니스탄 사람들은 파키스탄으로, 소말리아 난민들은 케냐로 피신했다. 한편 사우디아라비아, 중국, 인도 또한 같은 개발도상국에서 오는 사람들을 끌어들였다.

이 문제에 관해, 확실하게 밝혀야 할 또 다른 점이 있다. 일부 상황의 급박성과 언론에 보도되는 자극적 이미지들을 마주하면서, 우리는 전 세계적 차원에서 인구의 이동에 대한 포괄적인 비전을 얻기가 쉽지 않다. 이 단락에서는 이주민들의 움직임에 관해 다루려 하는데, 여기에는 자신의 선택으로 조국을 떠난 사람들(노동자, 학생)과 강제적으로 그럴 수밖에 없었던 이들(난민)이 포함된다. 2016년, 인구 이동의 많은 부분이 남쪽 국가에서 북쪽 국가를

이 문제에 관한 국제연합과 주요 민간단체들의 보고서는 선진국들이 인구의 강제 이주에 의해 끝없이 타격을 받고 있음을 명확히 하고 있다. 그러나 이 현상이 세계 다른 지역에서도 폭발하는 상황에서 프랑스와 유럽에서 이 문제가 얼마만큼의 파장을 일으키고 있는지를 관찰하며 의문을 품게 되었다. 우리는 이 현상을 너무 자기중심적으로 인식하거나 제대로 이해하지 못하고 있는 것은 아닐까?

🍵 7 교민은 얼마나 돈을 보낼까?

유세프는 이집트인이며 파리에 거주하고 있다. 그는 매달 이집트의 가족에게 돈을 보내고 있고, 이번 달에는 100유로를 보낼 생각이다. 개인 한 명의 차원으로 볼 때는 이집트에 대한 영향력은 미미하다. 하지만 만일 해외에 사는 이집트 교민들이 보내는 모든 금액에 100유로씩을 더한다면, 이는 엄청난 금액이 될 것이다! 그렇다면 어느 국외 커뮤니티 또는 해외 교민들이 자국으로 가장 많은 돈을 보낼까? 미국에 거주하는 멕시코인들? 필리핀인들? 레바논 사람들? 이스라엘 민족들?

송금이란 무엇인가?

영어 'remittance', 스페인어 'remesas', 프랑스어 'remises'는 이주 송금, 해외 송금 또는 자금 송부라고 번역될 수 있으며, 이는 이주민들이 자국에 남아 있는 가족에게 보내는 돈의 이동을 설명해준다. 이 단어들은 해외로 보내는 돈을 의미하지만, 이주 현상의 개념을 간접적으로 나타내기도 한다. 시간이 지남에 따라 송금액이 계속 증가하면서 주요 기관들은 재빠르게 이 문제에 관심을 기울였다. 1970년에는 '단지' 30억 달러에 근접한데 비해,

2007년에는 거의 2,000억 달러를 넘어섰다! 좀 더 최근 상황을 보면 세계은행 집계 결과 2010년에 총 3,250억 달러, 2015년에는 4,310억 달러에 도달할 정도로 급격히 증가했다! 2016년에는 총 5,740억 달러까지 추정되고 있다. 따라서 이러한 돈이 개발도상국에 상당한 이익이 된다는 것을 쉽게 이해할 수 있다.

> 프랑스는 2015년 기준,
> 유럽 국가 중 해외 송금을
> 가장 많이 받았다.

어느 나라 교민이 가장 많은 돈을 보내는가?

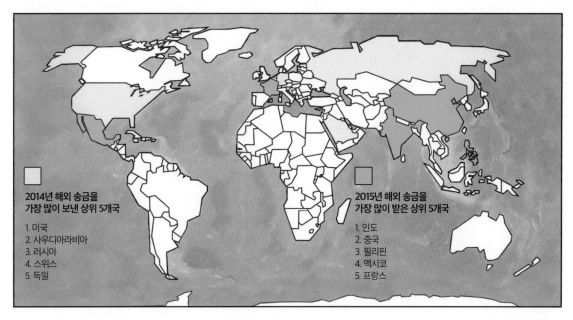

**2014년 해외 송금을
가장 많이 보낸 상위 5개국**

1. 미국
2. 사우디아라비아
3. 러시아
4. 스위스
5. 독일

**2015년 해외 송금을
가장 많이 받은 상위 5개국**

1. 인도
2. 중국
3. 필리핀
4. 멕시코
5. 프랑스

2015년, 두 국가가 다른 국가들보다 훨씬 많은 해외 송금을 받았는데, 바로 인도와 중국이다. 인도 교민들은 722억 달러 가까이를 본국으로 송금 했고, 반면 중국인들도 639억 달러를 받았다. 이 두 국가들은 순위뿐 아니라 액수에서도 다른 국가들을 크게 앞지른다. 필리핀 교민들은 거의 300억 달러를 보냈고, 멕시코 인들이 257억 달러, 그리고 프랑스가 244억 달러를 받아 그 뒤를 잇고 있다.

2013년, 두 국가가 아프리카 대륙으로 오는 해외 송금의 거의 64퍼센트를 받았다. 이들 국가는 나이지리아와 이집트로, 2015년에 각각 208억 달러와 204억 달러를 받았다. 이들은 현재도 아프리카 대륙에서 가장 많은 금액을 수령하는 국가들이다.

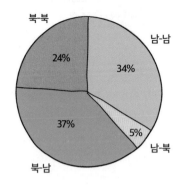

2016년 해외 송금 분포(세계은행 집계)

송금 규모는 얼마인가?

2015년 인도 가족들이 받은 금액은 엄청나 보일 수 있다: 사실 엄청난 액수인데, 국가 전체 경제와 비교하면, 이는 실제로 국내총생산(GDP)의 2.8퍼센트밖에 되지 않는다. 이 금액들의 절대적 가치도 중요하지만, 이를 받는 가족들에게 어떤 역할을 하는지 들여다보려면, 그 규모를 실감하기 위해 국가의 국내총생산에 비춰보아야 한다. 국외 송금에 제일 많이 의존하는 국가들은 일반적으로 국가 규모는 작지만 해외에 교민이 많이 분포해 있는 국가들이다.

2016년 기준 국외 송금 의존도가 높은 국가

1. 네팔 - GDP의 31퍼센트
2. 키르기스스탄 - GDP의 30퍼센트
3. 아이티 - GDP의 29퍼센트
4. 타지키스탄 - GDP의 27퍼센트
5. 라이베리아 - GDP의 26퍼센트

프랑스 국내총생산 중 30퍼센트가 해외에 거주하는 프랑스인들이 보낸 돈으로 창출된다는 게 상상이 되는가? 이러한 해외 송금은 수취인들로 하여금 보건, 교육, 소매 거래, 저축과 같이 필요한 경우에는 지출을 줄일 분야에 돈을 쓸 수 있도록 해준다.

네팔에서는 주민의 4분의 1이 빈곤선 이하의 생활을 한다고 추정되고 있으니, 이들이 이주를 생계 수단으로 보는 것은 놀라운 일이 아니다. 네팔 출신 교민들은 대부분 카타르와 사우디아라비아에 있으며, 키르기스스탄 교민들은 러시아와 카자흐스탄에 거주한다.

이 국가들에서 개발을 담당하는 기관들은 재빨리 국외 송금의 힘을 알아보게 됐으며, 1990년대부터 이주민들의 동기 부여를 지원하는 데 쓰기 시작했다. 2014년 경제협력개발기구 개발원조위원회(DAC)는 공적 개발 지원에 1,352억 달러를 배정하였다. 이는 이듬해 국외 교민들이 그들의 가족에게 보낸 금액의 30퍼센트에 해당된다(이는 아직까지 공식적인 송금 수치로만 계산된 것이다). 이는 이주민들이 멀리서 그들의 가족을 돕고 있으며, 조국 발전에 적극적으로 기여하고 있다는 사실을 입증하는 것이다. 그럼에도 국가 정부 또는 해외 다른 국가가 재정적으로 지원하는 공적 개발 지원은 여전히 필요하다. 자금이 직접적으로 그 가족들에게 쓰이지 않지만, 의료와 식수 정화, 수로 설치 등 사회적 기반 시설 프로젝트에 투자되어 이후 사회 전체가 혜택을 입을 수 있다. 이런 까닭으로 오늘날 이 모든 흐름이 상호 보완되는 것이다.

수많은 장점에도 불구하고, 국외 송금에 늘 좋은 측면만 있는 것은 아니다. 이는 또한 수취국에 부정적인 영향도 가져올 수 있는데, 의존성 효과, 가족들의 잘못된 자금 관리, 해외에 있는 개인에 대해 가해지는 가족의 압박, 경제 위기 시 가족들의 취약성, 송금을 하는 개인의 퇴직에 대한 위험 등이 그것이다.

해외 송금은 누가 처리하는가?

국외 교민들은 그들의 가족에게 돈을 보내기 위해 몇 가지 선택에 놓인다. 즉 자금 송금을 담당하는 기관들을 통하거나(공식적 송금) 다른 비공식적인 방법을 이용하는 것이다. 이주민들은 비용, 중개인의 존재 여부, 신뢰성과 기간, 수취국에 있는 중개소의 개수 등에 따라 이런저런 방식으로 결정할 것이다. 불안정한 상황에 놓인 사람들은 일반적으로 은행 서비스에 접근할 수 있는 방법이 없기 때문에, 가족과 마을 또는 같은 공동체의 사람들을 접촉하는 비공식적인 시스템을 이용한다. 송금에 대한 비용이 가장 많이 드는 곳은 사하라 이남 아프리카와 태평양 제도이며, 송금 기관이 취하는 수수료 비율이 총 금액의 20퍼센트를 넘는 경우도 있다(계좌 이체는 비용이 많이 든다). 송금 분야에서 큰 비중을 차지하는 두 곳이 있는데 (모두 미국계) 웨스턴유니온(Western Union)과 머니그램 (MoneyGram)이다. 웨스턴유니온은 200개 이상 국가에 50만 개가 넘는 중개소를 보유하고 있다. 2015년 웨스턴유니온은 평균 초당 31개의 송금 건을 처리하며 1,500억 달러를 송금했다. 세계에서 두 번째로 규모가 큰 송금 기관인 머니그램 또한 200여 개 국가에 34만 7,000명가량의 중개인을 보유하고 있다. 이 두 기관은 직접적으로 그들의 중개소를 통해 또는 파트너 중개소를 통해 아프리카 송금 업무의 85~100퍼센트를 처리하고 있다.

8퍼센트

2015년, 자국으로 송금하는 데 드는 평균 비용은 전체 송금액의 8퍼센트다.

보통 전적으로 부정적인 현상으로만 묘사되는 이주 현상이 결국 많은 가족들을 먹여 살린다는 사실은 상당히 흥미롭다. 절대적 가치로 가장 많은 송금을 받는 국가는 인도와 중국이지만, 영향력은 이런 금액이 자국 경제에 큰 부분을 차지하는 국가들에게서 더 크게 나타난다. 이런 국가들에서 인터넷의 보급과 이동 통신의 발전과 함께 장차 페이팔(paypal)과 같은 온라인 송금이나 SMS에 의한 계좌 이체는 큰 역할을 할 것이다.

🍵⁸ 언어의 세계화는 가능할까?

1990년대 이후 무역과 금융 교류는 우리가 '세계화'라고 일컫는 것을 초래하면서 국제화되고 있다. 이는 교류를 하기 위해 외국어에 대해 좀 더 개방되어 있는 국가들끼리 상호 의존하도록 만들었다. 인터넷의 확장도 지속적으로 우리의 소통 방식에 변화를 가져오고 있다. **사람들 사이에 일어난 교류 증대는 우리에게 더 적은 수의 언어를 지향하도록 만들까?** 다시 말해서, 세계화는 다양한 언어를 사라지게 하는 걸까?

언어란 무엇인가?

언어는 개인들 간 소통을 가능하게 하는 발성, 표기, 몸짓의 언어학적 신호 체계다. 이 체계의 한 가지 특성은 진화한다는 것이다. 즉 이 체계는 변화하며, 시간의 흐름에 따라 언어는 그 사용법에 맞춰 적응하게 된다.

사회언어학적 관점에서 언어를 살펴본다면, 다시 말해 그 언어를 사용하고 있는 사회와 관련지어 언어를 연구하면, 언어가 소통과 정체성이라는 두 가지 사회적 기능을 수행하고 있다는 것을 알게 된다.

인간의 소통 방법은 지구상에서 가장 진보되었다. 하나의 언어를 구사할 때, 우리는 자신의 정체성 일부를 나타내며, 이는 우리를 같은 언어를 사용하는 사람들 집단과 묶어준다. 언어와 정체성이 어떻게 연결되어 있는지 살펴보는 것은 흥미롭다. 언어학적으로 민족주의자들 중 90퍼센트가 민족주의자임을 표방하는 정치적 집단이다. 언어를 '살아 있다'라고 말하는 건 우연이 아니다. 언어는 살아 있고, 변화하고, 서로 섞이고 때로는 사라지기도 한다. 간단히 말해, 언어는 우리 사회 모습을 그대로 반영한다.

평균 118명

한 언어를 사용하는 인구수가 적은 경우

전 세계에는 몇 개의 언어가 있을까?

지구상에 언어가 몇 개나 있는지 정확히 헤아리는 것은 어렵다. 어떤 방언들 사이에는 경계선이 미미하기 때문이다. 따라서 대부분 전문가들이 6,000개 가까운 추정치에 동의하기는 하지만, 현재 사용되는 언어는 3,000~7,000개로 추정치 차이가 크다.

만일 이것을 국가별로 균등하게 나누어본다면, 각 나라에서 평균적으로 약 30개의 언어가 쓰이고 있는 셈이다. 그러나 국가들은 자신들의 역사와 발전에 의해, 그중 일부를 국가 행정부에서 사용하도록 헌법이나 법률에 지정해놓았다. 이를 '표준어'라 한다. 국제연합은 그중 141개를 인정하고 있다.

오늘날 지구상에서 가장 많이 쓰이는 언어는 만다린어로, 모국어 또는 외국어로 13억 명이 사용하고 있다. 이는 12억 명의 사용자를 가진 영어를 넘어서는 수준이다. 그다음으로는 만다린어와 영어에 비해 사용자는 절반에 못 미치지만 사용자 4억 8,500만 명인 스페인어와 4억 5,000명인 힌디어다. 프랑스어는 2억 7,400명으로 5위에 올라 있다. 하지만 이 사실은 균형적 측면에서는 거리가 멀다. 도표에서 보다시피 가장 많이 사용되는 언어들과는 달리, 단지 소수의 사람들에 의해 사용되는 언어도 수십 개가 있기 때문이다. 그러니 여전히 우리가 정말로 모르는 언어들이 존재하고 있는 것이다! 아마존에서 사용되는 언어의 정확한 수는 알려져 있지 않다(주민들이 고립되어 있는 것이 주 이유다). 반면 뉴기니에는 수백 개의 언어가 집계되었지만, 그 언어들에 대해 거의 알려진 바가 없다.

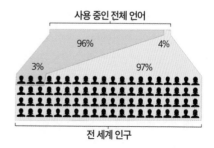

사용 중인 전체 언어

96% 4%

3% 97%

전 세계 인구

언어의 수가 가장 많은 곳은 어디인가?

1위의 자리를 차지하고 있는 곳은 아프리카 대륙이다. 사용되는 언어 중 많은 부분이 다양한 방언들이다(베르베르어 · 리피안어 · 버지드 · 바울레). 2위는 아시아(부리아트어 · 몽골어 · 벵골어 · 페르시아어)이고, 아메리카 원주민들이 사용하는 다수의 언어(나바호어 · 나우아틀어)가 존재하는 아메리카 대륙이 그다음이다. 그리고 뉴기니(톡피신어 · 히리모투어), 태평양 연안(사아어 · 오로하어), 남오세아니아(트위어 · 움부갈라어), 구대륙(목샤어 · 페로어) 순서다.

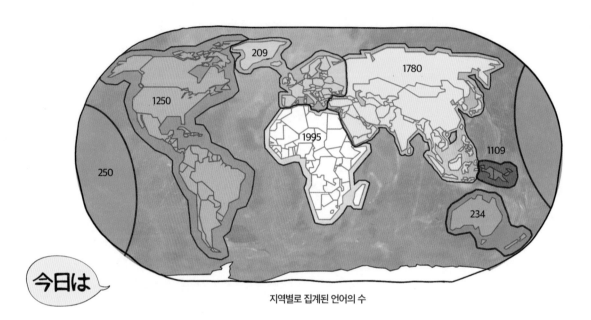

지역별로 집계된 언어의 수

언어는 어떻게, 왜 변화하는가?

15일마다 하나의 언어가 소멸한다. 매우 충격적이지만 사실이다. 매해 20여 개의 언어들이 없어지는데 일부 소수의 사람들에 의해 사용되다가 그들과 함께 자취를 감추기 때문이다. 하나의 언어는 여러 가지 이유로 사라질 수 있다.

1. 토착민들이 도시를 향해 **농촌을 탈출**하는 것. 이는 전통과 언어를 젊은 세대에게 넘겨줄 수 없게 만든다.

2. **'포식자' 언어**의 존재. 이 언어는 다른 언어보다 우위를 점하고 있는데 특히 언론, 행정, 교육, 국제 교역 등의 분야에서 의무적으로 사용되기 때문이다.

3. 언어를 **점진적이고 자발적으로 포기**하는 것. 이는 그 지역 사회가 현대화에 합류하고, 구직을 위한 더 많은 가능성을 제공하기 위한 것이다. (예를 들면, 나우아틀어 대신 영어를 습득한다.)

언어는 소멸되기도 하지만 다행히 문헌 자료가 존재하는 경우에는 다시 소생할 수도 있다. 그래서 "말은 사라지지만, 언어는 사라지지 않는다"고 한다. 이런 식으로 수메르어나 유교 시대 중국어와 같은 수많은 언어의 흔적을, 그 문법까지 구성해 보존할 수 있었다. 아쉽게도 오늘날 사라지는 언어의 대부분은 구전 전통을 가진 부족 사회의 산물이라는 특징 때문에 일단 사라지고 나면 문자로 된 기록으로 남지 않는다. 문법이나 사전을 기술하는 것은 하나의 언어를 적절한 시기에 구하는 방법 중 하나다.

그 과정이 일반적으로 오래 걸리기는 하지만, 언어는 새로 생길 수도 있다. 오늘날 세계에서 가장 많이 사용되는 첫 번째 언어인 중국 만다린어가 1956년에 등장했던 것처럼 말이다. 이 경우는 서로 다른 언어를 쓰는 사람들이 접촉하기 때문에(브라질 국경을 따라 쓰이는 포르투갈어, 크리올어) 또는 어떤 민족이 하나의 국가적 정체성을 세우기 위해(스와힐리어·현대 히브리어·노르웨이어·만다린어), 국제적 소통을 수월하게 하기 위한 이유(에스페란토)로 발생한다. 언어학자 콜레트 그리네발드는 지금부터 2100년까지 50퍼센트의 언어가 사라질 것이라 예상한다. 이 수치는 세계 일부 지역에서는 90퍼센트까지 올라갈 수 있는데, 특히 오스트레일리아와 아메리카에서 원주민들의 언어가

소멸되기 때문이다. 그에 따르면, 장차 대다수가 사용할 언어는 다음과 같다. 상업과 과학 분야에서는 영어가 쓰이고, 라틴아메리카와 미국 남부 지역에서는 스페인어가 강세를 보이며, 포르투갈어는 아프리카와 라틴아메리카로 좀 더 확장될 것이다. 그리고 아시아에서는 아랍어, 만다린어, 힌디어(중국과 인도의 성장으로), 아프리카에서는 스와힐리어와 월로프어가 될 것이다.

전문가들 예상으로 프랑스어는 아프리카와 마그레브 지역에서 사용이 늘면서 앞으로도 건재할 테지만, 영어를 좀 더 많이 섞어 쓸 것이다. 사회학자이자 인구학자인 리처드 마르코는 2050년에 프랑스어권 사람들이 6억 명 정도 될 것이라 추정한다. 프랑스어권 국제기구(OIF)에 따르면, 2014년 기준 2억 7,400만 명이다.

언어의 소멸은 전통 문화와 일부 인구 집단의 소멸로 이어진다. 그러나 안타깝게도 이는 새로운 현상이 아니다. 갈리아어, 일리리아어, 트라키아어, 다키아어 모두가 라틴어를 고급 언어로 숭배하던 유럽의 로마화로 인해 사라졌다. 오늘날 실제로 언어의 세계화는 진행되고 있으며, 인터넷은 이 과정에서 상반된 역할을 한다. 먼저, 인터넷은 세계 인구가 몇몇 주요 언어만을 사용하려는 경향에 점점 더 기여하면서 결국 덜 쓰이는 언어의 소멸을 가속화시킨다. 또한 인터넷은 사라져가는 언어의 보존을 위해 조직되는 공동체를 결집시켜 언어 지킴이의 역할을 돕는다.

🍵9 노예는 오늘날에도 있을까?

노예 제도를 떠올릴 때면, 우리는 무의식적으로 역사 속 지나간 과거로 돌아간다. 하지만 그 현상이 진화했고, 모든 국가에서 공식적으로 금지되어 있음에도 형태가 바뀌었을 뿐 여전히 계속되고 있다. 따라서 노예 문제는 꼭 짚어보아야 한다. 인간의 삶과 존엄이 위태로운 상황에 처해 있기 때문이다! (1948년 세계인권선언에는 인간을 존엄하게 대해야 한다고 명시되어 있는데도 말이다.)

현대판 노예 제도가 무엇일까?

워크프리재단(WFF)에 의하면, 현대판 노예 제도란 정치, 경제, 사회, 문화, 종교적 요소들의 결합으로 인해 나타나는 극단적인 불평등 형태다. 이 용어에는 적절한 법적 정의가 없다. 그럼에도 불구하고 개인이 노예 상태에서 살고 있는지 판단하기 위해 몇 가지 기준들을 적용할 수 있다.

- 노동/결혼을 강요당하고 있는가.
- 고용주에게 소유되어 있는가.
- 거래가 가능한 상품처럼 여겨지는가.
- 활동의 자유를 제한받고 있는가.

노예 제도는 역사 속에서 많은 민족(이집트, 로마 제국, 아프리카, 중동, 중국, 미국, 서양 식민지들) 사이에 존재하던 흔한 관례였다. 16~19세기에 유럽 강국들이 주도하는 삼자 무역은 신세계 개척과 유럽 경제 개발을 위해 수백만의 노예를 아프리카에서 데려오도록 만들었다. 프랑스에서는 노예 제도가 1848년에 폐지되었다. 그리고 1948년 세계인권선언은 공동의 이상에 도달하는 것을 목표로 세계에서 거의 만장일치로 통과된 보편적 헌장으로 지구상에서 노예 제도에 종지부를 찍었다. 적어도 이론상으로는.

오늘날 노예는 어디에 존재하는가?

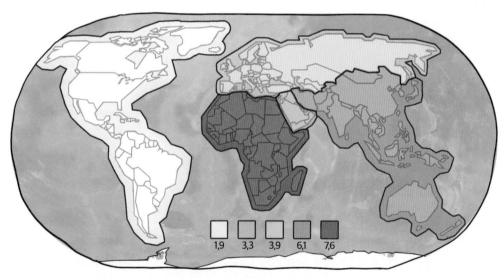

<table>
<tr><td>1,9</td><td>3,3</td><td>3,9</td><td>6,1</td><td>7,6</td></tr>
</table>

2017년 기준 인구 1,000명당 노예 상태에 있는 인구수

2016년 세계노예지수(GSI) 추정치에 따르면, 세계 노예 상태의 58퍼센트가 5개국에 집중되어 있다. 5개 나라는 인도, 중국, 파키스탄, 방글라데시, 우즈베키스탄으로 노예 상태의 인구가 (절대 수치로) 가장 많은 국가들이다.

목화밭의 노동

3분의 2

노예 상태에서 살아가는 사람들 중
3분의 2가 여자와 소녀들이다.

서 알 수 있듯이 지역적 차원에서 볼 때 노예 상태에 처한 사람들이 가장 많은 곳은 아프리카로 인구 1,000명당 7.6명의 피해자가 있다. 이는 지역적 평균을 낸 수치이며, 시장에 노예들을 팔아넘기는 소름끼치는 경우를 비롯해 2017년 리비아에서 발각된 인신매매 사건들까지 고려하면, 이런 현상의 많은 부분은 실제로 아프리카 북부에 집중되어 있을 것이다.

아프리카와 아시아에서 높은 수치가 나타난다고 해서 세계 다른 곳에서 벌어지는 참상이 과소평가되어서는 안 된다. 특히 유럽과 아시아 북부에서도 인구 1,000명당 3.9명의 피해자가 있으며, 중동 지역에서도 3.3명이나 된다. 2013년에 '2022 카타르 월드컵' 건설 현장에 투입되었던 노동자들 사건이 40여 명의 네팔 이주 노동자의 죽음 이후, 커다란 반향을 일으켰던 것을 기억해보라.

만일 세계노예지수를 2016년 각국별로 전체 주민 숫자에 대비해본다면, 가장 높은 비율을 보이는 국가는 북한, 우즈베키스탄, 캄보디아, 인도, 카타르다. 북한의 경우 정부가 설립한 강제 노동 수용소와 관련이 크고, 우즈베키스탄은 매해 정부가 부과하는 목화 수확을 위한 강제 노역 때문이다.

2017년 기준 인구 1,000명당 노예 상태에 있는 인구수에

노예 상태에 있는 사람들은 얼마나 될까?

노예 상태에 있는 사람 수는 2014년 3,000~3,600만 명 (현재 프랑스 인구의 약 절반)으로 추정되었다. 세계노예지수에 의하면, 2년이 지난 후 4,030만 명까지 치솟았고 그중 4분의 1은 아동이다. 이러한 증가는 지중해 지역의 이주 움직임을 비롯해 수많은 사람을 노예 제도의 악순환이라는 취약한 상황에 밀어넣는 비양심적인 이주 브로커와 관련이 있다.

130유로

2017년 노예 1명에 대한 중간 판매 가격은 130유로다. 절반은 이보다 비싸게, 다른 절반은 이보다 싸게 팔렸다는 의미다. 참고로 스마트폰 한 대 가격이 평균 350유로다.

국제노동기구(ILO)는 약 60만 명, 즉 프랑스 리옹의 전체 주민보다 많은 수가 유럽에서 현대판 노예 상태로 살고 있다고 추산한다. 유럽인권재판소가 이 문제에 대처하고 있으며, 입법화가 제때 이루어지지 않는 국가들을 추려내고 있다. 바로 2005년과 2012년 프랑스의 경우인데, 노예 제도와의 싸움과 관련해 일부 법안을 변경하지 않

았던 것에 대해 처벌받았다. 이후 법률 변경이 이루어진 것을 보면 제재의 효력이 컸음을 알 수 있다.

> **20개월**
>
> 노예들이 구속되어 있는 평균적 기간이다.

노예 제도는 어떤 형태를 취하는가?

현대판 노예 제도는 갖가지 양상을 띠고 있다. 전문가들은 이 참상이 6가지 다른 형태를 취할 수 있으며 때로는 중복된 형태로도 나타날 수 있다고 파악한다. 강제 노역, 아동 노동력 착취, 부채에 대한 속박, 성적 착취, 강제 결혼과 같은 인신매매가 그것이다. 도표에서 볼 수 있듯이 2016년 노예 상태에 있는 4,030만 명 중 62퍼센트는 강제 노역에 동원되었고(국가 정부에 의한 조직과 불법 성매매 포함), 반면 38퍼센트는 강제 결혼의 피해자다. 강제 노역은 공장, 들판, 선상에서도 이루어진다. 전문가들은 "착취당하는 사람들이 우리가 먹고 있는 음식과 우리가 입고 있는 옷을 생산하고 있다"는 점을 상기시키고 있다.

취약한 상태에 놓인 사람들이 좀 더 드러나도록 노력하는 것이 이들에게 존엄성을 되돌려주기 위한 첫 걸음이다.

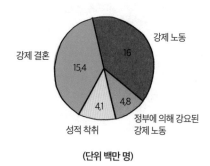

(단위 백만 명)

현대판 노예 제도에 맞서 싸우는 것은 복합적인 양상을 띤다. 그 현상에 영향을 미치는 모든 요인과의 투쟁을 의미하기 때문이다. 피해자들을 지원하는 것 외에도 빈곤, 차별, 부패와 싸우고 분쟁과 이주를 미리 막기 위해 노력해야 한다. 많은 단체가 노예 제도의 새로운 형태와 전 세계에 걸친 인신매매의 새로운 경로 생성을 감시하고 있다(분쟁이나 황폐해져가는 국가의 변화를 예측해가면서). 국제기구도 관련 국가의 사법부가 외압이나 부패에 대한 걱정 없이 조치를 취할 수 있도록 그들에게 더 많은 힘을 실어주기 위해 애쓰고 있다.

🔟☕ 사막화는 어디서 일어날까?

사막화는 전쟁만큼 큰 반향을 불러일으키지는 않지만 점점 심화되고 있으며, 그 결과는 전쟁 못지않게 심각하다. 사막화는 사막 지역에서만 진전되는 것이 아니다. 이는 토양이 점점 건조해지면서 결국 완전 불모지가 되어버리는 과정이다. 그 결과는 환경에도 비극적이지만 그곳에 사는 사람들이 살던 곳을 떠나도록 만드는 비극적 결과를 낳는다. 반가운 소식은 이 현상을 되돌릴 수 있다는 것이다. 그럼 어떻게 상황을 뒤집을 수 있을까?

사막화란 무엇인가?

사막화는 단지 끝난 상태가 아닌 그 과정으로 보아야 한다. 과정이라고 말하는 이유는 이것이 토지를 훼손 상태로 이끌어가는 단계들의 연속이기 때문이다. 그런데 도대체 어떻게 비옥하고 건강한 땅이 아무것도 나지 않는 황무지가 되는 것일까?

1. **식생의 파괴**. 나뭇가지의 그늘과 뿌리가 사라져서 토양이 보호받지 못한다.
2. **토양에 의해 흡수되는 수분의 감소**. 이는 동시에 영양분의 유실을 유발한다.
3. **척박해진 지표면**. 생물 다양성이 없어지고 수확량이 감소한다.
4. **인구의 궁핍화**. 토지 생산성 저하에 따라 생겨난다.

사막화는 아프리카 사헬 지역(아프리카와 사하라 사막 남쪽 가장자리에 있는 지역)에서 몇몇 마을이 사라지는 문제에 그치지 않는다. 건조화가 이루어지는 지역은 세계 인구의 3분

의 1이 살 수 있는 곳이다! 국제연합식량농업기구의 분석에 의하면, 이 지역 인구의 70퍼센트가 생활에 필요한 것들을 자연 자원에 의존하고 있다. '나선형 악화'라 불리는 악순환을 유발하는 사막화 현상의 파괴력은 엄청나다.

이러한 토양에서 사는 것은 두 가지 이유로 문제가 된다. 첫째, 농업 소득이 상실되며 생기는 불안정성, 둘째, 바람의 영향에 의해 증폭되는 파괴다. 더 이상 식물들이 막아주지 못하면서 바람은 건조화된 지역의 먼지를 실어오고 심지어 우즈베키스탄에서는 인접 마을을 매몰시키기까지 했다.

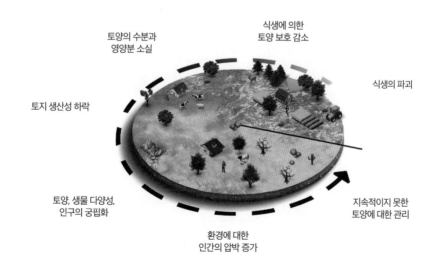

식생에 의한 토양 보호 감소

토양의 수분과 영양분 소실

식생의 파괴

토지 생산성 하락

토양, 생물 다양성, 인구의 궁핍화

지속적이지 못한 토양에 대한 관리

환경에 대한 인간의 압박 증가

건조화와 식생 소실의 원인은 무엇일까?

사막화는 여러 요인이 결합되어 발생한다. 대부분 원인은 인간 활동(과밀 방목·농업·벌채·관개 시설 소실·인구 증가)이지만, 자연적 현상에 의해 증폭될 수도 있다. 인구 밀도가 높은 사헬 지역에서는, 계속적으로 증가하는 축산업으로 인해 목초지가 재생될 시간도 없이 과도하게 이용되고 있다. 여기에 토양을 황폐화시키는 화전 농업(불에 의한 개간)과 오랜 가뭄 뒤 농지를 방치하거나 침식을 촉진하는 경작을 시행하는 등 농업 관행과 관련된 문제가 더해진다.

목재를 난방, 조리, 건축 재료로 이용하는 지역 사람들의 산림 벌채도 문제를 악화시킨다. 일부 대도시에 집중되어 있는 인구 또한 문제될 수 있다. 도시 거주민들의 수요를 맞추기 위해 도심 주변 지역의 나무들을 자르기 때문이다(수단 하르툼의 경우 외곽 200킬로미터까지).

물론 이런 모든 압박은 인구 증가와 기후 온난화로 인해 심화되는데, 예를 들어 기후 온난화는 건기를 늘리면서 불균형에 한몫하고 있다.

중앙아시아, 특히 아랄 해 주변 지역에서 토양 불모화의 주 원인은 사막화는 물론 심각한 염도 증가 때문이다. 토지의 대부분이 관개지이기 때문에 이 지역에서는 증발률이 매우 높다. 결과적으로 물은 증발되고 염분이 토양에 축적되어 쌓인다. 장기적으로 토양은 소금으로 가득 차고 빠른 속도로 불모지가 된다. 2011년 추정치에 따르면, 카자흐스탄, 우즈베키스탄과 투르크메니스탄, 키르기스스탄에는 관개지의 50퍼센트가 염화되었다.

사막화의 영향을 가장 많이 받는 지역은 어디일까?

사막화의 영향을 가장 많이 받는 지역을 직관적으로 생각해보면, 사헬 지역을 필두로 거대한 사막 근처에 위치한 지역과 중앙아시아의 사막 지대를 떠올릴 수 있다. 이 두 지역이 정면으로 타격을 받고 있으므로, 미국과 아르헨티나, 오스트레일리아, 인도, 터키, 스페인, 중국과 같이 사막화를 겪고 있는 나라들을 잊어버릴 수도 있다. 2011년에는 유럽에서 13개의 국가가 사막화의 영향을 받고 있다고 집계되었다. 이런 국가들에서도 사막화 과정은 기후가 건조해지면서 기후 변화가 심한 반 건조 지역(스페인의 안달루시아, 미국의 남동부, 중국의 북부)에서 주로 이루어진다는 사실이 눈에 띈다.

6,000만 명

세계은행에 의하면, 1997년부터 2020년까지 6,000만 명이 사하라 이남 아프리카의 사막화된 지역을 떠나 마그레브나 유럽으로 이주할 수도 있다.

사막화의 해결책은 무엇일까?

중국

■ 주요 대상 지역

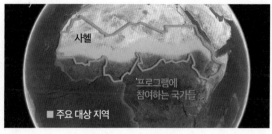

사헬

'프로그램에 참여하는 국가들'

■ 주요 대상 지역

사실이 그리 유쾌하지 않을지라도, 이 현상을 돌이킬 수 없는 것은 아니다. 중국은 일찍부터 매우 야심찬 프로젝트로 북부 지역의 사막화에 대처하기 시작했다. 그 계획은 지금부터 2050년까지, 국토의 최대 42퍼센트를 덮는다는 목표하에 수십 억 그루의 나무를 심는 것이다. 1978년에 시작된 이 프로젝트는 진척을 보기도 했지만, 항상 의견이 일치되는 건 아니었다. 이러한 대책의 결과가 늘 확실한 것도 아니었다. 정부도 프로젝트를 좀 더 효과적으로 만들기 위해 노력했지만, 사막화로 인한 인구 이동은 오늘날에도 여전히 나타나는 문제다. 프로젝트가 완료되면, 그 작업은 세계 산림 면적의 10퍼센트를 증가시킬 것이다. 참고로 〈이코노미스트〉에 의하면 중국의 4분의 1은 현재 모래와 건조화된 지역으로 덮여 있다.

사막화와 싸우고 있는 또 다른 중심부는 사헬 지역이다. 2007년에 이곳의 11개 국가가 중국의 프로젝트와 유사한 거대 프로젝트에 착수하기로 합의했다. 그 목표는 사하라 사막 남쪽에 '녹색 장성'이라고 명명한 8,000킬로미터에 달하는 일종의 식물 벨트를 조성하는 것이다.

이 커다란 정치적 도전을 마주하며, 아프리카에서 사막화 문제를 해결하려는 계획은 여러 행동을 통해 진척되었다. 프로젝트는 여전히 산림녹화에 대한 것이지만, 척박한 토양을 복구하는 것도 동반하고 있다. 이 지역에서 실행에 옮겨지는 모든 계획은 연구원, 특히 세네갈에 기반을 둔 인간환경관측소 연구원들이 점검하고 있다. 이 센터는 이런 조치들이 다양한 탐구 분야에 미치는 영향을 연구하기 위해 많은 전문가를 맞이하고 있다.

그토록 중대하고 많은 사람에게 영향을 끼치는 현상을 수다스러운 언론이 너무 적은 분량으로 다루고 있다는 것은 유감스러운 일이다. 사막화의 결과는 빈곤, 파괴, 이주 등 전쟁의 결과와 유사하다. 이 문제에 직면하여 최고의 수비수는 그 최전선에 서 있는 농부다. 전 세계에 걸쳐 추진되는 다양한 보호 프로젝트는 고무적이고, 연구 중인 결과는 분명히 우리에게 사막화에 계속 맞서 싸우기 위한 가장 최선의 방법을 찾을 수 있도록 도와줄 것이다.

☕⑪ 사이버 공격은 누가 저지를까?

후드 달린 옷을 입고 컴퓨터 뒤에 숨어 있는 해커에 대한 상투적인 모습과는 거리가 멀지만 사이버 범죄자는 현실에 존재하고 있다. 이들은 단순한 몸값 요구부터 대규모 사이버 테러 공격을 일으킬 수 있는 작업들을 수행하고 있다. 사이버 공간에서 얼마나 빠른 속도로 위협적인 사건이 일어나고 있으며, 얼마나 신속히 진화하고 있는지를 알면 믿기지 않을 정도다. 앞으로도 수십 년 동안 우리 사회의 진정한 쟁점이 될 사이버 공격에 대해 국가들은 스스로를 지키기 위해 노력하고 있으며, 시민들은 디지털 세계와 관련된 위험을 자각하고 있다. **그렇다면 누가 사이버 공격을 감행하고, 그 공격 대상은 누구인가?**

사이버 공격을 저지르는 이유가 뭘까?

프랑스의 사이버보안국(ANSSI)은 사이버 공격을 다음과 같이 정의한다. "악의적 목적하에 정보 시스템을 훼손하려는 시도. 사이버 공격은 개인·은행·외교·군사·기업 등에 관한 데이터를 훔치거나 어떤 정보 시스템의 정상적인 작동을 해하거나 파괴하려는 데 있다." 이런 공격은 분쟁의 새로운 형태를 나타내고, 거리와 관계없이 대부분 익명으로 행해질 수 있으며, 군사적·경제적 분쟁을 장기화시킨다.

해커의 세 가지 주요 동기는 다음과 같다.

1. 돈을 걸어 들인다. 방법은 특정한 대상 없이 '맹목적인' 공격을 시작하는 것인데, 이는 인터넷상에 악성 소프트웨어와 봇넷(작업을 자동화하는 서로 연결된 프로그램 네트워크)을 돌게 하고, 피싱 기술을 이용해 신분 도용을 저지를 목적으로 개인 정보를 수집한다.

2. 정보를 수집하고 감시한다. 해커는 흔적을 남기지 않고, 행위자를 염탐할 수 있으며, 외교적·기업적·군사적 정보를 빼낼 수 있다.

3. 정치적 영향력을 행사하고 선전 활동을 한다. 메시지를 전달하거나 특정 사이트의 작동을 훼손시켜 어떤 정치적 사상에 대한 반대나 지지를 꾀할 수 있다.

> **150개국 30만 대**
>
> 📍 2017년 5월, 악성 소프트웨어 워너크라이가 감염시킨 컴퓨터 수

누가 사이버 공격을 저지르는가?

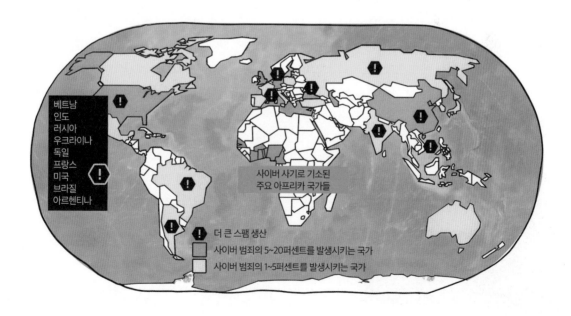

베트남
인도
러시아
우크라이나
독일
프랑스
미국
브라질
아르헨티나

사이버 사기로 기소된
주요 아프리카 국가들

⬡ 더 큰 스팸 생산

사이버 범죄의 5~20퍼센트를 발생시키는 국가

사이버 범죄의 1~5퍼센트를 발생시키는 국가

세 가지 부류의 행위자들이 있다.

1. 범죄 조직에서 결성하는 범죄자. 목표는 거대한 금액의 돈을 모으는 것이다.

2. 핵티비스트. 말하자면 개인적 신념에 따라 일하는 활동가들인데, 이들 중 가장 많이 알려진 것은 아노니무스, 컬트오브데드카우, 미국을 애국심으로 지지하는 더제스터, 이스라엘 정부를 방어하는 IDF팀이다. 이외에도 지하디스트, 중화민족주의자, 바샤르아싸드 수호자들 등이 있다.

3. 정부 또는 준정부 소속 활동가. 이들의 활동은 정치적·경제적 문제, 국가 안보 문제를 위해 다른 정부, 기업이나 개인을 표적으로 한다.

해커들은 자신들의 흔적을 감추기 위한 여러 가지 가능성을 가지고 있으므로 이러한 사이버 공격을 밝혀내는 것은 어려운 일이다.

러시아는 사이버 공격의 상당 부분이 이루어지고 있는 것으로 알려져 자주 비난받는다. 미 국가안보국(NSA)에 의하면, 사이버 공격인 워너크라이는 북한에 의해 대대적으로 조직되었을 수 있다. 반면 에드워드 스노든은 미 국가안보국에 잘못이 있다고 지적한다. 국가가 직접 개입하지 않으면서 해커들을 지원하고 있는 만큼 사이버 공격에 대한 추적은 매우 복잡하다. 이를 국가 지원(State Sponsoring)이라고 한다.

사이버 공격의 표적은 누구인가?

누구나 공격의 대상일 수 있다. 물론 공격의 형태가 같은 것은 아니다. 개인들은 랜섬웨어와 같은 악성 바이러스 공격의 대상이 될 수 있는 반면, 전략적인 기관들은 정치적 영향 또는 염탐을 목적으로 공격을 받을 수 있다.

1. 국가나 정부 기관. 당연히 중요한 대상이 된다. 프랑스 정부와 국제통화기금(IMF)은 2011년 공격 대상이 되었고, 2013년에는 이란과 사우디아라비아 외무부 차례였다. 2010년에 발견된 컴퓨터 바이러스 스턱스넷은 주로 이란 핵 시설의 컴퓨터 시스템을 감염시켰는데, 이는 미국인과 이스라엘인들이 이란의 핵 프로그램 진행을 비밀리에 지연시키기 위해 조직했던 것일 수도 있다.

2. 기업. 세계 경제의 진정한 원동력이 되는 기업도 사이비 공격을 피해길 수는 없다. 2014년 소니는 대규모 데이터 해킹을 당했고, 북한을 범인으로 지목했다. 2015년에는 유나이티드항공, 2016년에는 야후가 피해를 입었다. 더욱 넓게는, 인터넷이 존재한 이래 가장 큰 해킹 사건으로 분류되는 2017년 워너크라이 공격으로 르노와 보다폰이 큰 타격을 입었다.

3. 군사 분야. 특히 전략적 공격 대상이다. 2009년 미 스텔스 전투기 F35에 대한 자료가 해킹당했다(공격은 중국에서 온 것으로 여겨진다). 2010년에는 오스트레일리아와 인도의 국방부, 북대서양조약기구(NATO)의 순서였다. 좀 더 최근에는 2016년에 이스라엘이 표적이 되었으며, 2017년에는 미 국방부가 공격을 당했다.

4. 대학과 연구 활동을 하는 단체. 이곳도 안전하지 않다. 2011년에 미 항공우주국(NASA)이, 2017년에는 스웨덴 외교정책연구소가 표적이 되었다.

5. 개인. 주로 사이버 사기 범죄의 대상이 된다. 2016년 기준으로 피싱, 개인 정보 유출과 연결된 사이버 범죄에 가장 많이 영향을 받은 10개국은 미국(7만 9,180만 건의 신원 해킹), 프랑스, 러시아, 캐나다, 대만, 중국, 남한, 일본, 네덜란드, 스웨덴이다.

에스토니아

최초의 사이버 범죄가 발생한 나라. 2007년 에스토니아의 인터넷과 컴퓨터 네트워크 전체가 마비되었다.

사이버 범죄에 맞서 싸우는 기관은?

국가들은 사이버 안보를 전담하는 조직을 갖추고 있다. 그중 유럽에 있는 조직을 살펴보면, 에스토니아 탈린의 북대서양조약기구 산하 합동사이버방어센터(CCDCOE), 그리스 헤라클리온의 유럽연합네트워크 및 정보보안기구(ENISA), 프랑스 파리의 사이버보안국, 네덜란드 헤이그의 유럽사이버범죄센터(EC3)가 있다.

이러한 기관들이 전하는 키워드는 '적응'이다. 모든 것이 너무 빨리 진행되므로, 효과적으로 방어하려면 새로운 취약점과 잠재적 위험에 대해 지속적으로 최신 정보를 파악할 수 있어야 한다.

사이버 공격은 익명이라는 점 때문에, 일반적으로 어떠한 경제 제재나 외교적 영향을 받지 않는다. 이런 취약성을 인지하고, 기업이나 국가는 스스로를 보호하고 있다. 이 문제에 대해 점점 더 많은 정보를 알게 되는 시민들도 습관을 바꾸고 있다. 하지만 점진적인 사고방식의 변화에도 불구하고, 이런 부류의 위험이 앞으로도 증가할 것이라는 사실은 전혀 놀랍지 않다.

⟨12⟩ 라마단이 왜 문제가 될까?

기독교의 사순절과 유대교 속죄일의 이미지처럼, 무슬림 인구 다수가 매해 라마단 단식을 시행한다. 꼬박 한 달 동안 지켜지는 이 의식은 이슬람교의 다섯 기둥(이슬람교의 가장 기본적인 다섯 가지 의례로 이슬람교도들은 반드시 지켜야 할 의무다-역주) 중 하나이며, 신앙심과 나눔의 뜻을 표현한다. 무슬림의 종교 생활에서 이 시기가 간접적으로 전략적·지정학적 쟁점의 대상이 될 수 있는 것일까?

라마단이란 무엇인가?

장기간에 걸친 종교적 기념행사로 구성된 라마단은 이슬람교 달력에서 아홉 번째 달이다. 전통에 의하면, 대천사 가브리엘이 라마단 달의 27번째 밤에 예언자 마호메트에게 코란을 보여주기 위해 나타났다. 또한 코란 2장의 일부 구절에서 다음과 같은 금식에 관한 이야기를 찾아볼 수 있다. "오, 믿는 자들이여! 당신들보다 앞선 이들에게 했던 것처럼 당신들에게도 금식을 명한다." 구약과 신약성경, 복음서 구절에 쓰여 있듯 코란에 명시된 금식도 다른 금식 관습과 다르지 않다. 그 의미는 인간의 욕구와 열정 앞에서 의지를 굳건히 하면서, 영성과 성찰에 도움될 수 있도록 특정한 사항들을 금하는 것이다.

라마단 한 달 내내, 해가 떠 있는 동안 무슬림들은 먹거나, 마시거나, 성관계를 가지거나, 흡연을 해서는 안 된다. 이러한 금기 사항은 일출 전 첫 번째 기도 '수브'(as-soubh)부터 일몰 시 네 번째 기도 '마그리브'(al-maghrib) 때까지 지켜야 한다. 다음 달 첫날 금식의 종료를 축하하는 '에이드-알-피트르'(Aïd-el-Fitr) 축제로 라마단에 마침표를 찍는다. 이슬람교의 다른 네 가지 기둥인, 신앙고백, 메카 순례, 기도와 자선 중 일부와 마찬가지로, 신

자들 중 노약자, 병자, 여행 중인 사람, 임산부는 금식을 면제받을 수 있다. 또한 선택에 의해 이를 하지 않는 사람들도 있는데, 이는 여전히 받아들여지기 쉽지 않으며 무슬림 국가에서는 더욱 그렇다. 기도가 개인적인 종교적 실행인 것과 달리, 라마단은 좀 더 집단적인 차원에서 행해진다. 즉 매일 저녁 모두가 단식 중단을 위해 모이고, 가족으로부터 받는 시선의 무게는 강압적일 수 있다. 알제리와 파키스탄에서는 단식 의무를 지키지 않는 사람들이 체포되는 광경도 목격되었다. 단식을 하지 않을 권리를 가장 강력하게 주장하는 국가 중 하나는 튀니지로, 일부 배우들은 이 문제에 자주 동원되고 있다. 프랑스에서 단식을 하지 않는 무슬림 중 20퍼센트는 그들의 선택이 공개적으로 받아들여지지 않았으며, 라마단 기간 중 자신들의 가족과 숨바꼭질해야 하는 상황이라고 고백한다.

모든 무슬림이 같은 시간에 금식하지 않는다?

한 달 동안 매일 금식을 행하는 시간이 다르다. 이슬람교의 달력 '헤지라'는 음력으로, 이는 매달 새로운 달의 출현, 즉 첫 번째 초승달이 드러날 때 시작된다는 것을 의미한다. 이 달력은 태양력보다 10~12일을 덜 세게 되므로, 라마단을 시행하는 달은 매해 바뀐다.

달이 바뀌는 것 외에 금식 기간도 국가의 지리학적 위치 (적도에 가까운지 극지방에 가까운지), 연중 계절(겨울보다 여름에 길다)에 따라 다양하다.

프랑스에서 라마단은 2013년에 7월 10일부터 8월 8일까지 열렸던 것에 비해, 2022년에는 4월 3일에서 5월 1일 사이에 열릴 것으로 보인다. 일부 정치·종교 인사들은 전 세계적 차원에서 금식 시기를 통일하자고 주장하지만,

이 제안은 무슬림권에서 전혀 합의에 이르지 못하고 있다. 배후에서 암묵적으로 지지하고 있는 의도를 살펴보면, 시기를 통일하기 위해서는 모든 국가가 따를 기준이 필요하고 그 국가는 사우디아라비아이기 때문이다. (자세한 이유는 다음 내용에서 설명한다.)

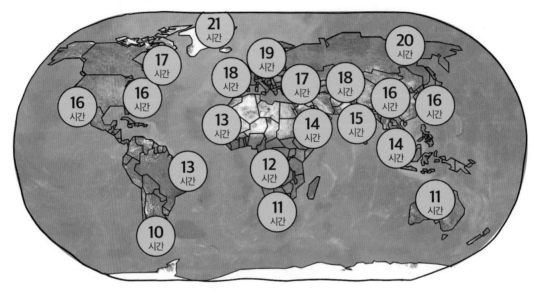

2017년 라마단 기간 동안의 단식 시간

라마단과 관련된 쟁점은?

라마단의 사회·경제적 영향을 넘어서(일부에서는 한 달 내내 초 집중되는 마케팅을 규탄한다. 라마단 기간 동안 무슬림 가구 지출이 30퍼센트나 증가하는 데 부분적으로 책임이 있기 때문이다), 특히 눈에 띄는 두 가지 쟁점을 들어보자.

1. 라마단 날짜. 상당수 신자들은 사우디아라비아가 매해 첫 번째로 라마단 시작 날짜를 서둘러 발표한다고 항의한다. 이들은 각 나라에서 과학적 계산을 해야 함에도 불구하고, 대체적으로 사우디아라비아가 발표하는 날짜를 따르는 것에 더 이상 놀라지 않는다. 어떤 사람들은 사우디아라비아가 제공하는 날짜와 다른 날짜를 지정하는 것이 실제로 가능한지 대놓고 궁금해한다. 이러한 종교적 '통일성'은 어떤 이들에게 적절하지만, 다른 편에서는 '사우디의 독점'을 비판하며, 이는 사우디아라비아를 지도자로 거대한 무슬림 공동체를 만들려는 그들의 정치적 염원과 너무 일치하는 것이 아닌가 하는 의문을 제기한다. 2016년에 알제리와 튀니지, 리비아, 말리, 니제르, 나이지리아, 이집트까지 사우디아라비아 날짜를 따라 라마

단 기간을 정한 반면, 모로코와 부르키나파소는 다른 날짜를 계산했다.

2. 텔레비전 시리즈와 연속극의 놀라운 증가. 소프트 파워를 보여주는 텔레비전 프로그램은 이슬람권에서 이 시기에 열렬하게 사랑받는다. 이때는 라마단 특별 콘텐츠를 담은 시리즈와 연속극이 넘쳐난다.

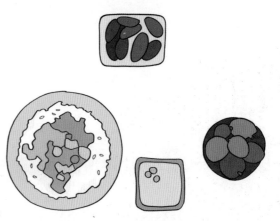

라마단 기간에 더 많은 테러가?

어떤 사람들은 라마단을 '이슬람 극단주의자의 돌풍' 시기에 비유한다. 이슬람 전통에서는, 신이 라마단 기간에 신자들에게 승리를 안겨준다고 한다. 이 기간에는 독실한 무슬림의 모든 행위가 신으로부터 더 큰 보답을 받는다. 이슬람 극단주의자의 해석에 따르면 이 시기는 자신들의 가장 경건하고 '순수한' 신앙심을 증명할 수 있는 완벽한 기회다. 이라크레반트이슬람국가(IS)를 거쳐 탈레반에서 알 카에다까지, 모두 순교와 자살 테러를 하도록 요구한다. 2017년 라마단 전야에 IS 대변인은 음성 메시지를 배포했다. 그는 서양인에 대한 공격을 요구하면서 이 기간 동안 민간인을 목표로 설정하는 것이 더욱 효과적이며, 순교에 대한 보상이 더욱 높게 평가될 것이라고 강조하였다. 2016년에도 비슷한 메시지를 발표하면서 공격을 부추겼다. 그리하여 이라크, 바그다드, 방글라데시, 레바논, 이스탄불, 올란도 등에서 라마단 기간 동안 400명 가까운 민간인이 희생되는 참혹한 결과가 일어났다. 2017년 라마단 닷새째 되는 날, 폭탄이 장착된 트럭이 아프가니스탄 카불의 대사관과 정부 기관이 모여 있는 지역에서 폭발하는 테러가 발생했다. 이날 약 100명의 사망자와 400명의 부상자가 보고되었다.

무슬림 생활의 중심 요소인 라마단이 일부 정치인에 의해 다양한 형태로 그들의 영향력을 증가시키려는 기회로 드러나고 있다. 이런 분석을 완성하려면, 다른 종교에서 잠재되어 있는 유사한 문제점을 살펴보는 것도 도움이 될 것이다.

☕ 13 장벽을 세우는 이유는 무엇일까?

영국 북부에 로마인들이 건설한 하드리아누스의 벽에서부터 중국 만리장성까지, 장벽의 건설은 적이나 이웃으로부터 자신을 보호하려는 인간의 반사적 행동으로 보인다. 미국과 멕시코 사이에 벽을 건설한다는 트럼프와 그의 공약에서 보듯이, 오늘날에도 벽은 국가들을 분리하기 위하여 계속 건설되고 있다.

한쪽에서는 치켜세우고 다른 쪽에서는 비난하는 상황에서, 이 문제에 대해 판단하고 그 쟁점을 이해하는 것은 쉽지 않다. 그래도 만약 상황을 파악해본다면?

장벽을 건설하는 이유는 무엇일까?

1. 불법 이민을 차단하기 위해서다. 어떤 정부들은 국경을 따라 물리적 장애물(철책·벽)을 설치해서 이민자들이 넘어오는 것을 견제하고 차단하기를 원한다. 미국의 예를 보면 확실하지만, 그리 멀리 갈 필요도 없다. 이런 부류의 장벽은 유럽의 관문인 세우타나 멜리야(모로코에 있는 스페인의 영토)에서도 볼 수 있기 때문이다.

2. 테러 행위와 밀수에 맞서 싸우기 위해서다. 종종 간과하지만, 이런 이유는 인도와 버마 사이처럼 불법거래가 성행하는 지역에서는 꽤 진행되어 있다. 2007년부터 이란과 파키스탄이 그랬던 것처럼, 국가들끼리 문제에 공동으로 대처하기 위하여 장벽을 건설하는데 합의하는 경우가 생기기도 한다.

4만 킬로미터 = 지구의 원주(둘레)

전 세계에 세워진 장벽의 총 길이

3. 영토 점유를 유지하기 위해서다. 좀 더 정치적인 (종종 논란의 여지가 있는) 성격의 이런 건설은 주로 영토에 대한 분쟁이 있는 지역에서 이용된다. 한쪽이 울타리를 세우면서 상대편에게 그곳을 새로운 영토 경계로 수용하도록 강요하려는 것이다. 카슈미르에 있는 통제선의 사례는 이미 수차례 언급되었고, 이스라엘과 팔레스타인 영토 사이의 장벽과 모로코에 세워진 장벽도 마찬가지다. 긴장 상태는 때로 영토나 자원에 관련된, 종종 가장 중요한 문제를 피해가는 우회적인 정당화에 의해 고조된다.

장벽은 어디에 있는가?

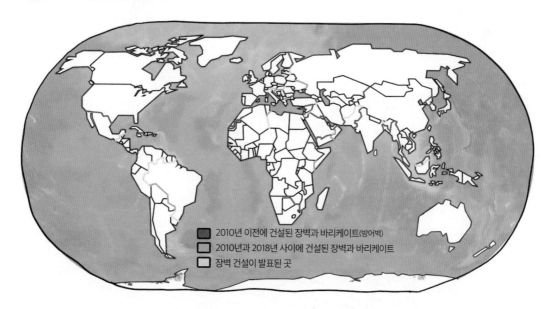

■ 2010년 이전에 건설된 장벽과 바리케이트(방어벽)
□ 2010년과 2018년 사이에 건설된 장벽과 바리케이트
□ 장벽 건설이 발표된 곳

앞의 지도는 세계의 주요 장벽을 보여준다(전체가 다 표시된 것은 아니다). 언뜻 한눈에 보기에도 어떤 대륙도 이 현상에서 자유롭지 않다는 것을 알 수 있다. 비록 어떤 지역이 다른 지역보다 언론에 좀 더 많이 다뤄졌을 수도 있지만, 세계화에도 불구하고 장벽은 세계를 점점 더 갈라 놓는다. 사막과 높은 산맥 또는 정비된 도로가 없는 열대 산림(콜롬비아·파나마)의 한가운데를 지나기 때문에 이미 자연적으로 접근 불가능한 일부 국경들도 장벽이나 철책에 추가해야 한다. 지금까지는 상대적으로 이 현상에서 자유로운 라틴 아메리카도 브라질이 국경을 따라 벌어지는 불법 거래와 이민을 억누르기 위해 2013년 발표한 장대한 프로젝트에 의해 강력하게 나뉘고 있다.

> **8미터**
> 이스라엘과 요르단 강 서안 지구 간 국경 일부에 위치한 가장 높은 벽의 높이

장벽은 얼마나 더 많아졌을까?

1989년 베를린 장벽이 무너진 다음 날, 유럽은 이제 더 이상 장벽이 세워지지 않을 거라는 확신에 차 있었다. 장벽의 개수도 2001년 9월 11일 테러가 발생하기 전까지는 전반적으로 전반적으로 증가세가 주춤했지만, 이날 이후 폭등하고 만다. 2016년 조사에 따르면 총 65개의 장벽과 철책이 있었고, 그중 다수가 겨우 지난 25년 동안 지어진 것이었다.

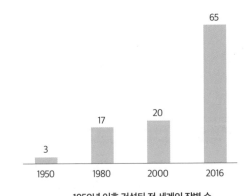

1950년 이후 건설된 전 세계의 장벽 수

장벽의 효과는 무엇인가?

1. 장벽을 세우고 유지하는 데에는 천문학적 비용이 든다. 건설비 외에도 보수, 정찰, 전기 안전 시스템 등에 돈이 들어간다.

2. 이런 장애물들은 위반의 논리를 유발한다. "이런, 곧장 통과할 수 없네, 그럼 위로 넘어가든가(드론이나 초경량 항공기를 이용한 마약 운반), 아래로 통과하든가(미국-멕시코 국경 터널), 국경 검문소에서 눈에 띄지 않게 숨어서(이민자

들과 마약을 자동차에 숨겨서), 아니면 바다를 건너서 가자."

3. 정치적 차원에서, 장벽은 외국인의 유입으로 위협을 느끼는 주민들을 안심시킨다. 따라서 장벽이나 울타리의 건설을 감행하는 정치인은 어느 정도 인기를 얻을 수 있다. 트럼프의 사례를 보면 확실하다. 미국-멕시코 국경에 벽을 건설한다는 논쟁은 트럼프의 선거 운동 중 언론에서 가장 많이 다루어진 문제 중 하나다.

4. 장벽들은 일부 경우에는 유입하려는 이주민의 수를 실제로 줄일 수 있는 역할을 한다. 더 나은 삶을 찾아가는 이들의 여정 속에 경유하는 국가라면 장벽이나 방어벽이 그들의 길을 다른 곳으로 돌리게 할 수 있다. 이 방법은 대규모 이주 사태가 일어났을 때 헝가리에서 시행되었지만, 헝가리 정부는 다른 유럽 국가들의 분노를 유발했다.

5. 하나의 벽은 중요한 위기의 시간 동안 이주민의 흐름을 더 잘 관리하는 데 도움이 된다. 일종의 병목 현상을 형성하면서, 수용국에서 효율적인 통제를 할 수 있도록 검문소 쪽으로 이동을 집중시킨다.

6. 이주민이 다시 돌아오는 것을 막는 게 아니라, 그들이 떠나는 것을 막을 수 있다. 이주는 고정된 현상이 아니다. 이주민은 일반적으로 갔다가 다시 돌아온다. 따라서 다시 돌아올 수 없을 거라는 두려움 때문에 그들은 떠나지 않는 것을 선호한다. 얼마나 묘한 역설인가!

7. 돈을 받고 몰래 국경을 넘게 해주는 일은 누가 하는가? 범죄 조직이다. 이들은 국경을 따라 자리를 잡고 커나간다.

8. 장벽은 예전에는 상업적·재정적·인간적 교류가 있었던 국경을 따라 경제적 단절을 만든다.

9. 장벽을 건설한 뒤 바로 철거하지는 않는다. 장벽은 오랫동안 남아 있고, 무너지는 경우는 극히 드물다.

3,200킬로미터

가장 긴 장벽은 인도와 방글라데시 사이에 위치한다. 두 국가 간 국경의 거의 전체에 걸쳐 장벽이 세워졌다. 실제로 장벽의 대부분은 철책으로 둘러쳐져 감시되고 있다.

장벽을 세운다고 해서 근본적인 문제를 해결할 수 있는 건 아니다. 지속적으로 단단하게 고정되어 있는 벽은 유동적인 현상에 일시적으로 대처하거나 인간이 강압에 적응하는 해결책이 아니다. 수용국에게 좀 더 권장할 만한 방법은 출발국과 해결책을 찾아보는 것이다. 만일 이주민이 자기 집을 떠나지 않을 수 있고, 그들의 문화와 가족에게서 벗어나지 않을 수 있다면, 그들은 기꺼이 남을 거라는 점을 기억하자.

🫖⑭ 극단주의는 왜 극성일까?

극단주의 단체들은 끊임없이 그들에 대해 말하게 만든다. 세대정체성(2012년 창설된 극우 성향의 정치 운동 단체로, 주로 프랑스에서 활동하고 있음-역주), 황금새벽당(네오 나치를 표방하는 그리스의 극우 정당-역주), 로힝야족을 핍박하는 싱할라내셔널포스(스리랑카에 있는 극단주의 싱할라 민족주의 단체-역주)를 거쳐, 이라크레반트이슬람국가(2014부터 2017까지 이라크의 북부와 시리아의 동부를 점령하고 국가를 자처했던 극단적인 수니파 이슬람 원리주의 무장 단체-역주), KKK(백인우월주의와 반유대주의, 반(反)로마가톨릭교회, 기독교근본주의, 인종 차별, 동성애 반대 등을 표방하는 미국의 극우 성향 비밀 결사 단체-역주). **세계는 이 단체들에게 영향을 받고 있을까? 극단주의 세계를 어떻게 그려야 할까?**

극단주의는 무엇인가?

극단주의는 극단적이고 과격하고 과장되며 어떤 한계나 극단적인 결과에까지 밀어붙이려는 태도 또는 의견을 가지는 성향을 가리킨다. 이 생각은 공공의 이익에 반하며 공격적이거나 폭력적인 극단적 방법을 권장하는 현란한 말 기술에 이론적 근거를 제공한다.

극단주의는 특히 세계에 대한 독단적인 비전으로 분간할 수 있다. 사람들은 매우 확고한 의견을 가지고 있고, 이를 '절대적 진리'라 여기며 강압적이고 단호한 방식으로 표현한다. 이런 사고방식은 사람들로 하여금 자신들의 생각 이외에 모든 대안을 거부하고 그것을 급진적이고 폭력적인 방법으로 강요할 수 있다.

과격화는 극단적인 믿음으로 이어지는 과정이다. 이에 대해 피에르 코네사는 "사회를 변화시키는 방법으로 폭력을 사용하고 지지하고 조장하려는 의지"를 부추긴다고 덧붙인다. 프랑스-이란 관계를 연구하는 사회학자 파하드 코스로카바도 그 목적은 "정치적·사회적·문화적 분야에 확립되어 있는 질서를 부인하려는 것"이라고 확언한다. 벨기에 연구 단체인 '안전관리'는 이와 관련한 연구 결과를 발표했는데, 다음과 같은 몇 가지 단계를 거치면서 격화된다고 한다.

1. 과격주의. 과격화를 부추기는 몇 가지 요소(정신적 지배·정신의학적 문제)가 있지만, 가장 빈번히 나오는 것은 단절의 진행(직업·애정 관계·친구 관계), 집단에서의 무관심, 반복되는 차별적 상황들이다. 연구가 명시하는 바에 의하면, 과격화는 한 개인, 그의 혈연과 지인, 그가 속한 공동체, 그와 사회의 관계에 관련된 요소들의 결합으로 나온 산물이다.

2. 극단주의. 이 두 번째 단계는 아직 폭력의 행사까지 진행되지 않고, 폭력의 사용을 받아들이는 의지에 해당한다. 집단의 압력은 더욱 극단적인 의견을 채택하고, 이런 논쟁 속에서 더욱 확고해지도록 유도한다. 이를 '교화'라고 한다. 적의 인간성을 말살하는데, 이는 궁극적으로 폭력의 사용을 용이하게 한다.

3. 테러리즘. 폭력을 행사한다. 이 단계는 "적어도 하나의 한정된 집단이 공유하는 이데올로기로부터 기인하는 폭력적 행동의 총체"라고 설명된다.

> **33,300명**
> 2011~2016년 아프리카에서 폭력적 극단주의자들의 행동으로 사망한 희생자의 숫자.

극단주의는 어디서 일어나는가?

극우 성향의 극단주의 그룹은 노르웨이의 연쇄 살인범 브레이비크(노르웨이의 연쇄 살인범이자 극우파 테러리스트로 2011년 7월 22일 테러 및 총기난사를 일으켜 76명을 살해한 혐의로 체포된 용의자-역주), 그리스의 황금새벽당이 있다. 극좌 성향의 집단으로는 이탈리아의 레드브릿지(1970년에 조직된 이탈리아의 극좌 성향의 테러 조직이자 게릴라-역주), 프랑스의 악시옹디렉트(1979~1987년 프랑스에서 일련의 암살과 폭력적인 공격을 저지른 프랑스 극좌 테러 단체-역주)이다. 분리주의 집단은 바스크조국과자유(ETA, 바스크의 민족주의 분리주의자 조직-역주), 아일랜드공화국군(IRA, 1947년 조직된 아일랜드의 무장 테러 단체, 북아일랜드에서 영국군 철수 및 북아일랜드와 아일랜드공화국과의 통일을 목표로 함-역주)을 찾아볼 수 있다. 정치-종교적인 극단주의 단체의 대표적인 예는 다음과 같다. 이라크레반트이슬람국가, 미국의 KKK, 아프리카 서쪽의 보코하람(2001년 결성된 나이지리아의 이슬람 무장 단체로, 서구 교육과 문명을 부정하며 무장 테러를 전개하고 있음-역주), 아프리카 동쪽의 알샤바브(소말리아의 이슬람 테러 무장 단체-역주), 아프가니스탄의 탈레반(1990년대 중반, 아프간 남부를 중심으로 거주하는 파슈툰족에 바탕을 둔 부족 단체에서 출발한 반군 테러 조직-역주)이다. 라틴아메리카는 상대적으로 이 현상의 영향을 받지 않는 것으로 보인다.

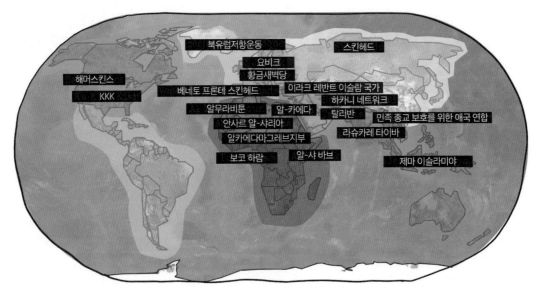

주요 극단주의 집단

왜 극단주의에 빠질까?

프랑스의 대테러연합조직(Uclat)은 사회적·경제적·교육적 불평등의 축적과 과격화의 동력 사이 명확한 상관관계를 입증하는 연구를 발표했다. 프랑스국제관계연구소(IFRI, 프랑스에 본사를 둔 국제 관계에 관한 싱크탱크-역주)에서 발표한 통계 자료에 따르면, 프랑스에서 테러리스트의 평균 연령은 26세였으며, 그중 71퍼센트는 '열악한' 직업 환경에 처해 있었다(36퍼센트는 무직 상태이고, 22퍼센트는 불안정한 일자리를 가지고 있으며, 13퍼센트는 노동자였다). 또한 71퍼센트는 학위를 얻지 못한 상태였다(47퍼센트는 학위가 없었고, 25퍼센트는 고졸이었다). 국제연합개발계획도 아프리카의 극단주의에 대해 조사했으며 비슷한 결론을 얻었다. 경제적 요인들도 이런 단체에서 신병을 모으는 데 중요한 역할을 한다. 빈곤, 실업, 불완전 고용의 파급 효과는 명백하게 욕구 불만과 비난의 주요 원천으로 확인된다. 국제연합개발계획의 연구는 테러 단체로 들어가는 두 번째 이유가 정부에 대한 불만과 불신이라는 결론에 도달한다. 이는 정부가 소수의 이익만을 보호하고 있다

는 확신에 기인한다. 아프리카에서 조사한 사람들 중 78퍼센트는 민주주의적 기관들이 상황을 진전시키거나 구체적인 변화를 가져올 수 있는 능력에 대해 최저 신뢰 수준을 보여줬다.

극단주의에 어떻게 대항할 것인가?

국제단체, 특히 국제연합은 2015년 당시 반기문 총장의 연설을 통해 4개의 축을 적극 권장했다.

1. 뿌리를 제거한다. 독성 이데올로기는 아무 곳에서나 자라지 않는다. 그렇다면 그 원인은 무엇인가?(억압, 부패, 부당함 등) 극단주의 지도자들은 상대적으로 취약한 신참 조직원을 먹잇감으로 취하는 폭력배이며 깡패다. "극단주의는 증오의 전략을 가지고 있다. 우리는 조화, 진정한 통합, 평화의 전략을 가져야 한다."

2. 폭력적 극단주의 예방과 인권의 신장이 중요하다. 같은 연설에서, 반 총장은 다음과 같이 명확히 밝히고 있다. "극단주의자는 과도한 반응을 선동하기 위해 무슨 짓이든 한다. 그 함정에 빠지지 말자." 극단주의에 대항하는 것이 우리가 이들에 대해 모든 권리를 가지는 건 아니다.

3. 올바른 방법을 갖추어야 한다. "미사일로 테러리스트를 소탕할 수 있다. 하지만 테러리즘을 소탕할 수 있는 것은 올바른 통치다." 학교와 가정에서의 교육이 그 열쇠이며, 어린 나이부터 공감능력을 키워야 한다. 폭력적 극단주의가 국가의 발전에 깊이 영향을 미치는 것처럼, 해결책은 극단주의와의 싸움에서 국가의 조화로운 발전을 통합하여야 할 것이다.

4. 연합해야 한다. 이 문제에 맞서 공동으로 싸우려면 국가, 단체, 연구원, 종교 지도자가 힘을 합쳐야 한다. 폭력적 극단주의는 이런 저런 종교에 국한되지 않는, 전 세계적인 문제다. 이 현상은 국경을 가리지 않으므로, 어떤 국가도 테러리즘, 극단주의와 홀로 싸워 이길 수 없다.

두 가지 사실을 기억하지 않고서는 극단주의에 대해 이야기할 수 없다. 첫째, 집단의 압력에 굴복하거나 가족에 가하는 압박 때문에 강제로 가입함으로써 취약한 사람들이 이런 조직의 덫에 걸려든다. 둘째, 연구 결과에서는 사람들을 지속적으로 극단주의에 빠지게 하는 사건들을 참조하면서 어떤 유발 요소 또는 전환점에 대해 언급하는데, 이 요소가 정부에 의해 유발되었다는 사실(불법 체포·시위에 대한 억압·암살 등)을 볼 때, 극단주의의 증가에 있어 정부 관료들의 행동에 대한 책임감을 상기시킨다.

🍵 15 세계 유산을 보호할 수 있을까?

프랑스 오베르뉴의 화산 지대는 두 번의 탈락에도 불구하고 마침내 2018년 7월 유네스코 인증을 받았다. 이로써 이 지대의 화산들이 세계 유산의 긴 목록에서 이집트 기자의 피라미드군, 중국의 만리장성 옆에 잠든 모습을 보게 된 것이다. 이렇게 국제연합의 인정을 받으면 유산에 진정한 가치를 더 많이 부여하는 것일까? 무엇보다 이는 유산을 더 잘 보호하도록 하는 걸까? 여행안내 책자와 사진기를 꺼내서, 지구상의 가장 뛰어난 장소 중 몇 군데를 둘러보기로 하자!

세계 유산이란 무엇인가?

국제연합 교육과학문화기구인 유네스코(UNESCO)는 1945년 제2차 세계 대전이 끝나고 얼마 후 창설되었다. 그 목표는 문화, 교육, 과학적 관점에서 사람들의 화합을 통해 평화와 안보를 유지하는 것이다. 이런 의미에서, 유네스코 세계유산위원회는 1978년 이래 해마다 문화적·자연적 재산 목록을 결정하고 있다. 이 재산들은 '인류 공동의 유산으로서 이들이 지닌 특별한 가치', 다시 말해 그 역사적·사회적·환경적 가치와 유일성으로 선택된다. 2018년 세계 유산은 845개의 문화유산(시드니 오페라하우스, 대도시 안의 역사적 지역들 등), 209개의 자연유산(갈라파고스 군도, 러시아의 바이칼 호수 등)과 38개의 복합유산(베두인의 전통을 포함해 요르단의 와디럼 사막 등)으로 구성되어 있

다. 매해 그렇듯 2017년 7월에도 세계유산위원회는 한 해 동안 등재를 신청한 유산들을 논의하기 위해 열흘간 모였다. 13개의 문화유산, 3개의 자연유산, 3개의 복합유산이 세계 유산 대열에 합류했다. 유네스코 세계 유산의 지위를 획득하는 것은 그 가치를 매우 높이는 것으로, 이는 국제 사회에 가시성을 부여하고, 유산이 좀 더 잘 보존되도록 하며(잠재적 보수 공사를 위해 자금이 관리된다), 더 많은 관광객을 불러들인다.

세계 유산은 어디에 있는가?

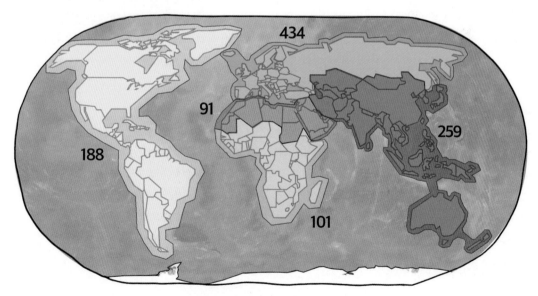

2017년 세계 유산 분포 | 출처: 유네스코, 2018년

유네스코 세계 유산의 47퍼센트는 유럽과 북미에 있다. 세계 1위 이탈리아의 뒤를 중국이 바짝 뒤따르고 있고, 이어서 스페인과 프랑스다. 유네스코 세계 유산에 등재된 자연유산이 가장 많은 지역은 아시아와 오세아니아다.

세계 유산이 위험에 처해 있는가?

유네스코가 선정한 유산은 지구상에 가장 아름다운 것들 중 하나로 여겨진다. 지구상에 우리가 존재하는 증거로서, 이 유산들은 예술적·역사적 중요성을 가지고 있고, 우리 사회 발전에 기여한다(과거 지식의 전달, 기억에 대한 작업). 아마도 2016년 강진으로 훼손된 미얀마 바간 탑의 모습을 보지 못했을 수도 있지만, 확신하건대 이라크레반트이슬람국가가 모술 박물관에서 이슬람교 이전의 동상을 부수는 모습이나 시리아의 팔미르 유적지에서 건축물을 폭파시키는 장면은 놓치지 않았을 것이다. 유산의 파괴와 약탈도 비록 언론에 의해 거의 다루어지지 않을지라도 전쟁의 결과다. 이라크레반트이슬람국가가 활동 자금을 마련하기 위해 세계 유산에 등재된 유적지에서 약탈한 골동품을 암거래해 불법적으로 되파는 경우가 아니라면 말이다. 2014년 3월, 시리아 바샤르알아사드의 군사들은 세계 유산으로 등재된, 12세기에 지어진 요새인 십자군의 성과 시리아의 다른 6개 유적지를 점령했다. 7곳 모두 2013년부터 위험에 처해 있는 것으로 선포되어 있다. 도심에서의 폭파와 전투 또한 막대한 피해를 입혔다. 시리아의 알레포에 있는, 11세기에 지어진 우마이야 모스크의 첨탑은 2013년 4월 전투로 무너졌다. 국제연합훈련조사연수원(UNITAR, 국제 협력 활동을 위한 공무원 훈련 기관-역주)에 의하면, 시리아 내전의 초기 3년 동안, 290개의 유적지가 무장 군인에 의해 파괴되고 약탈당하고 점거되었다. 2013년 말, 국제박물관협의회는 문화유산에 대한 잠재

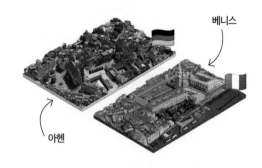

베니스

아헨

적 불법 거래를 예방하기 위하여 도난당해 암시장에서 거래되고 있을 가능성이 있는 시리아 유산 목록을 발표하였다. 몇 달 후, 도난된 유산의 거래가 요르단과 리비아, 터키에서 목격되었고, 심지어 이탈리아 마피아 조직까지 관련되어 있다는 이야기가 돌았다. 알레포에서는 약탈을 방지하기 위해 주민들이 벽을 세우고, 도서관의 서적을 숨겨놓았다. 유산은 국가와 주민들이 지닌 정체성의 일부이기 때문에 그것이 소멸되는 사태를 외면해서는 안 된다. 시리아에서는 내전 이전에 관광 산업이 국내총생산의 12퍼센트를 창출했을 만큼 유산은 국가 경제에 큰 기여를 했다. 유산을 보호하는 것은 미래 계획의 일부이며, 이는 전쟁이 끝났을 때 더 나은 경제 회복을 가능하게 할 것이다.

예루살렘에서는 1968년 이후 이스라엘과 유네스코 사이에 긴장감이 눈에 띄고 있다. 국제연합 기구는 준수 사항을 따르지 않고 불법 발굴 작업을 한 혐의로 이스라엘을 규탄했다. 일부에 따르면, 이 발굴은 매우 정치적 색채를 띠고, 이스라엘이 이슬람과 기독교의 공동 유산에 대해 문화적 점유를 강행하면서, 도시의 역사적 유물을 그들 맘대로 되찾기 위한 구실이다.

54개

시리아의 팔미라 유적지와 벨리즈의 산호초를 포함해 54개의 유산이 위험에 처한 상태다.

이집트, 기자 피라미드

위험에 처한 세계 유산을 지킬 수 있는가?

세계 유산 목록에 등재된 덕분에 구조된 (또는 적어도 그 가치가 재평가된) 사례가 없지 않다. 그리스 델포이의 유적 발굴 지역은 유네스코가 그리스 정부와 벌인 협상 덕분에, 1987년 그 주변에 알루미늄 공장을 건설하려는 계획을 피할 수 있었다. 마찬가지로, 세계유산위원회는 멕시코 정부에게 엘 비즈카이노 고래 보호 구역 주변에 소금 공장을 건설할 경우 야기될 수 있는 잠재적인 피해에 대해 경고했고, 결국 이 장소에 건설되지 않을 것이다.

약탈과 불법 발굴, 대인 지뢰 설치로 파괴 위험에 시달리던 캄보디아 앙코르 유적지에서 1993년 유네스코는 보호와 개발을 위한 대규모 프로그램을 진행했다. 그 이후로 사원들은 더 이상 위험에 처한 세계 유산 목록에 오르지 않게 되었다. 얼마나 훌륭한 승리인가! 크로아티아의

역사적 도시 두브로브니크도 마찬가지다. 한동안 위험에 처한 유산 목록에 기록되어 있었지만, 중요한 보수 공사 덕분에 목록에서 빠지는 데 성공했다. 현재로서는 위험에 처한 유산 목록에서 빠져나온 경우는 두 가지 사례뿐이지만, 다수의 장소가 유네스코 조치 덕분에 관광으로 먹고 살고 있다.

 이탈리아

유네스코에 등재된 유산이 가장 많은 국가

문화 유산을 보호하는 것은 가능한 일이고, 무엇보다 필요한 일이다. 이는 우리의 역사, 우리의 지구, 우리의 정체성의 한 부분을 보호하는 문제다. 세계 유산 목록은 값진 승리이지만, 최근 이라크레반트이슬람국가가 문화유산을 대규모로 파괴하는 것이 여전히 가능하다는 사실을 보여주었기 때문에 유네스코는 지속적으로 조치를 취해야 한다. 현재 이스라엘과의 긴장감은 전적으로 정치적인 성격으로 보이지만 계속되고 있다. 왜냐하면 국제연합 기구는 국제법적 테두리를 존중하지 않는 이들을 제재할 어떠한 권한도 갖고 있지 않기 때문이다. 앞으로의 변화가 필요한 지점이다.

🍵⑯ 부패한 국가는 어디일까?

부패에 대해 이야기할 때면, 모두가 무의식적으로 두 가지 이미지를 떠올리게 된다. 지역 주민이나 관광객들에게 부당한 뇌물을 갈취하는 비양심적인 경찰의 모습 또는 국제 뉴스의 일면을 장식하는 엄청난 스캔들 장면(국제축구연맹 부패 사건, 브라질과 남한에서의 정치 스캔들 등)이다. 각각의 상황이 같지는 않더라도, 규모가 다를 뿐 정확히 같은 현상에 관한 문제다. 이제 이 문제에 대해 살펴보고 어떤 국가가 가장 많은 영향을 받고 있는지 살펴보자. 쉿, 뇌물을 좀 주면 더 많은 정보를 얻을 수도 있다!

부패란 무엇인가?

부패에 대항하는 국제 시민 단체인 국제투명성기구(TI)는 부패 현상을 '사적 이득을 위해 갖고 있는 권력을 남용하는 것'이라고 묘사하며, 세 가지 부류로 구분한다.

1. 대규모 부패. 정부나 기업의 고위층에 의해 저질러지는 행위와 관련된다. 이런 형태의 부패는 드러나기 어렵다. 주로 고위층 세계에서 이루어지며, 이들은 대체로 부패가 드러나지 않게 할 수 있는 막강한 수단을 지니고 있기 때문이다. 사기나 횡령이 이에 해당된다.

2. 소규모 부패. 중간이나 좀 더 하위직 공무원(경찰·교사·세관원)이 권력을 남용하는 경우다. 이는 쉽게 드러날 수 있는데, 일상생활에서 흔히 일어나기 때문이다. 일반적으로 뇌물, 불법 사례금 등이 있으며, 때로는 강탈이 벌어지기도 한다. 혹시 외국에서 체류할 때 경험해본 적이 있는가? (내 친구는 아프리카에서 '강탈'을 경험한 적 있다. 그는 차를 타고 원형 교차로를 두 번 돌았다는 이유로 부패한 경찰관에게 강제로 벌금을 내야 했다. 벌금의 명목은 '아스팔트의 부적절한 사용'이었다.)

3. 정치적 부패. 정치적 결정권자들이 재정이나 자원 관리에 관한 규범을 바꾸기 위해 국가 기관을 조종하는 것이 해당된다. 이런 경우 목격되는 부패의 형태는 공금 횡령(청렴성에 대한 침해), 부당한 인사 등용(특혜) 또는 공공 시장에서 경쟁의 조작이다.

다른 기구들은 이런 불법 거래를 제공하는 사람에 해당하는 능동적 부패의 개념을 이를 받는 사람을 지칭하는 수동적 부패에 대비시킨다.

가장 부패한 국가는 어디인가?

부패는 행위자들 간에 거래가 불법적으로 일어나기 때문에 정확히 측정될 수 없다. 관련 거래들은 불투명하고 은닉되어 있다. 따라서 전문가들은 부패에 대한 '인식'이라는 것을 산정하는데, 이는 정확하고 절대적인 수치가 아니라 조사, 법적 소송, 언론에 의해 폭로된 대규모 스캔들로부터 이루어진 하나의(가능한 한 가장 정확한) 추정치이다.

국제투명성기구는, 특히 1995년 이래로 매해 업데이트되는 **부패인식지수(CPI)** 덕분에, 부패의 평가와 수치화에 있어 기준이 되었다. 이 기구는 각 국가들이 얻는 점수에 따라 순위를 매기며, 점수는 가장 부패한 국가에 해당하는 0에서 시작해 가장 투명하고 도덕적인 국가에게 주는 100까지 있다.

이 지수를 구성하는 기준은 해마다 다를 수 있으므로, 한 국가에 대해서라도 시간에 따라 정확히 비교하기란 어렵다. 반대로, 기준은 변할지라도 세계 순위 속에서 매해 한 국가의 발전과 후퇴를 온전히 평가할 수 있다.

2017년의 부패인식지수에 따르면, 100점 중 9점을 얻은 소말리아는 세계에서 가장 부패한 국가로 자리매김했다. 그리고 남수단(12점)과 시리아(14점)가 있다. 반대로, 같은 해 기준으로 뉴질랜드는 세계에서 가장 청렴한 국가였고(100점 중 89점), 덴마크(88점)와 핀란드(85점)가 그 뒤를 이었다. 2012년 이후로, 세네갈과 영국, 코트디부아르와 같은 국가들은 순위에 있어 강력한 진전을 보여주었던 반면, 시리아와 예멘, 오스트레일리아와 같은 국가들은 순위에서 뒤로 밀려난 것으로 지목되었다.

2015년에 브라질은 순위에서 7계단 추락함으로써 가장 큰 하락을 기록했다. 2018년에는 순위에 등장하는 180개 국 중 3분의 2에 해당하는 국가들이 50점 이하의 점수를 얻었다. 오직 54개국만이 평균 이상을 받은 것이다! 지도에서 명확히 볼 수 있듯이 부패 문제가 해결되려면 아직 갈 길이 멀다.

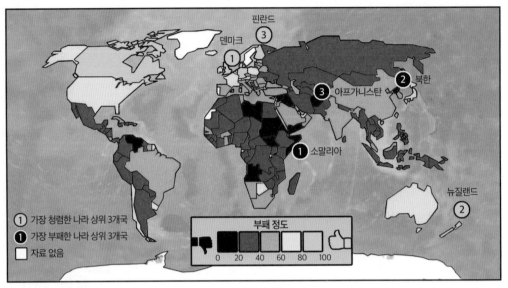

덴마크 ①
핀란드 ③
북한 ❷
아프가니스탄 ③
소말리아 ①
뉴질랜드 ②

① 가장 청렴한 나라 상위 3개국
❶ 가장 부패한 나라 상위 3개국
☐ 자료 없음

부패 정도
0 20 40 60 80 100

전 세계 부패 상황

부패의 결과는 무엇인가?

개인적 차원에서 부패를 본다면, 부패가 유발하는 위험이 반드시 설명되어지는 건 아니다. 국가적 수준에서 저질러지는 모든 불법적 행위를 합산할 때만이 부패에서 야기되는 피해를 알 수 있다.

부패에 대한 비용은 직접적이고 명확하다. 예를 들어, 정치적 부패는 사회적으로 거의 쓸모가 없지만, 관련된 정치인들에게는 이익(대중적 인기·수익·파트너십 등)이 되는 프로젝트에 투자하도록 유도할 수 있다. 부패는 또한 주민들에게 수입의 상당 부분을 상실하도록 만든다. 주민들은 그들이 자유로이 요구할 수 있는 어떤 서비스들, 예를 들어 무상 교육, 도시의 식수 연결, 의약품과 보건과 같

87퍼센트

케냐의 수도 나이로비에 거주하는 주민들의 87퍼센트가 도시의 수도 시설을 사용하기 위해 뇌물을 주어야 했다.

은 혜택을 이용하기 위해 돈을 지불해야 하기 때문이다.

부패에 대한 대가는 정부와 국가 기관에 대한 국민의 신뢰 상실과 같이 좀 더 '조용한' 형태를 띨 수도 있다. 이러한 신뢰 하락은 시민들의 정치적 이탈과 국가 전체적으로 불이익을 가져오는 경제적 투자의 감소로 나타날 수 있다.

어쨌거나 부패에 찌든 국가들이 점점 더 많이 이 문제와 맞서 싸우고 있는 걸 보면, 그동안의 노력들이 결국 성과

를 보고 있는 듯하다. 예를 들어, 2018년 아프리카연합이 선택한 활동 주제에 다음과 같은 이름이 붙여졌다 '부패와의 전쟁, 아프리카 변화를 향한 지속가능한 길'. 게다가 2000년과 2015년 사이의 밀레니엄개발목표와 그 뒤를 잇는 2015년에서 2030년까지의 지속가능개발목표는 부패와 관련한 많은 작업 축을 포함하고 있다. 따라서

앞으로 이 현상이 긍정적으로 변화하기를 기대할만한 충분한 이유가 있다.

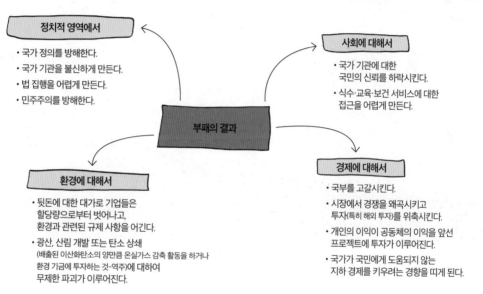

20퍼센트

📍 멕시코 최하 극빈층 가구는 수입 중 20퍼센트를 부패로 인해 잃고 있다.

정치적 영역에서
- 국가 정의를 방해한다.
- 국가 기관을 불신하게 만든다.
- 법 집행을 어렵게 만든다.
- 민주의를 방해한다.

사회에 대해서
- 국가 기관에 대한 국민의 신뢰를 하락시킨다.
- 식수·교육·보건 서비스에 대한 접근을 어렵게 만든다.

부패의 결과

환경에 대해서
- 뒷돈에 대한 대가로 기업들은 할당량으로부터 벗어나고, 환경과 관련된 규제 사항을 어긴다.
- 광산, 산림 개발 또는 탄소 상쇄 (배출된 이산화탄소의 양만큼 온실가스 감축 활동을 하거나 환경 기금에 투자하는 것-역주)에 대하여 무제한 파괴가 이루어진다.

경제에 대해서
- 국부를 고갈시킨다.
- 시장에서 경쟁을 왜곡시키고 투자(특히 해외 투자)를 위축시킨다.
- 개인의 이익이 공동체의 이익을 앞선 프로젝트에 투자가 이루어진다.
- 국가가 국민에게 도움되지 않는 지하 경제를 키우려는 경향을 띠게 된다.

만일 우리가 로봇이었다면, 부패는 존재하지 않았을 것이다. 인간은 과오를 범하기 쉬운 존재다. 이런 인간성으로 인해 불법일지라도 어떤 규칙을 어기고 싶은 욕구가 일어난다(손쉬운 방법으로 부자가 되고 싶은 욕구, 자신의 이익을 위해 법을 유용하려는 욕구). 그런데 이런 개별 행동들을 모두 합치면, 사회에 끼치는 손해는 엄청나다. 이런 관행과 맞서 싸우기 위해서는, 언론의 조사에 힘을 실어주고, 부패의 영향을 가장 많이 받는 국가에서는 제도를 더욱 견고히 하고 빈곤을 해결하기 위한 본질적인 작업을 수행하면서, 큰 규모의 부패가 드러나도록 만드는 것이 가장 중요하다.

🍵 17 조세 피난처는 어디에 있을까?

2014년 룩스릭스, 2015년 스위스릭스, 2016년 파나마 페이퍼, 2017년 파라다이스 페이퍼 스캔들 사건 때 정확히 지적되었고, 그 후 조금씩 잊히기는 했지만 조세 피난처 문제는 세계 재정 시스템에서 두드러진 자리를 차지한다. 조세 피난처로 유명한 지역은 케이맨 제도와 바하마다. 이 밖에도 어느 지역에 조세 피난처가 몰려 있으며, 왜 우리는 이런 관행에 맞서 싸워야 하는 걸까?

조세 피난처란 무엇인가?

세금을 지불하지 않는 세금 사기 행위와는 반대로, 세금을 공격적인 방법으로 최적화해서 면제받는 행위는 법이 정한 한도 내에서 운영되고 있다. 이 최적화 작업의 목적은 세금 시스템의 허점을 이용하여 세금 액수를 줄이는 것이다. 합법적이든 불법적이든 이 두 가지 기술은 탈세 또는 어느 국가로 재정 망명을 하는 데 기여한다. 이 경우, 특정 지역에서 생성된 부는 일부가 다른 방식으로 숨겨져 있기 때문에 그 가치에 맞게 공정하게 과세될 수 없다. 그래서 일부 부자와 기업은 때때로 "세금이 낮거나 전혀 세금이 없는 지역"으로 불리는 조세 피난처를 이용하려 한다. 경제협력개발기구(OECD)는 한 국가를 조세 피난처로 인정하기 위해서는 다음 3가지 기준을 충족해야 한다고 말한다.

1. 비거주자에게 유리한 세금 시스템을 갖추고 있다.
2. 투명하지 않으며 등록에 거의 구속력이 없는 절차를 갖추고 있다.
3. 세금 분야에서 다른 국가들과 사법적 협력을 꺼린다.

2016년 8월 유럽위원회는 애플사가 아일랜드와의 불법적 비밀 계약을 맺은 덕분에 수백 억 유로의 세금을 면제받았다고 밝히고, 아일랜드에 130억 유로의 세금 해택 액수를 요구할 것을 요청했다. 이후 애플사는 자회사의 세금 주소를 저지 섬으로 옮겼다. 페이스북, 트위터, 나이키, 다쏘, 토탈은 이런 관행을 이용한 대규모 다국적 기업에 속하지만, 정치적 인물이 발견되는 경우도 적지 않다. 예를 들어, 프랑스 재정부 장관 제롬 카위작은 탈세와 돈세탁 혐의로 기소되어 유죄를 선고받았다.

조세 피난처는 어디에 있는가?

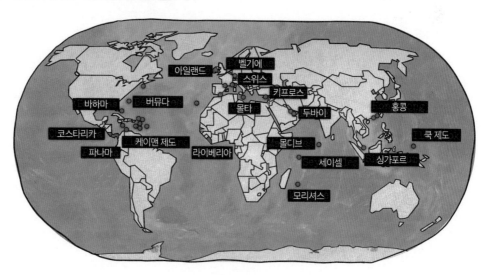

주요 조세 피난처

조세 피난처는 유럽과 카리브 제도 여러 곳에 있다. 조세 피난처 목록에 작은 섬이 많이 등장하는 이유는, 외국 부에게 특별히 매력적인 지역이기 때문이며, 완벽히 격리된 이 국가들로서는 행운이 아닐 수 없다.

카리브 제도의 바다 한가운데 있는 천국 같은 영토인 영국령 버진 아일랜드는 그 크기가 156제곱킬로미터인데 2016년 136개의 회사가 이곳에 주소지를 두고 있었다!

45개국

경제협력기구가 조세 피난처로 지목한 국가. 비정부기구(NGO)는 100여 개로 추정하고 있다.

조세 피난처는 어떻게 돈을 버는가?

경제학자 가브리엘 주크만이 그 영향에 대해 잘 정리했다. 기업과 "조세 피난처는 환율로 돈을 벌어들인다. 그들은 후한 커미션을 긁어모으고, 때로는 국제 무대에서 엄청난 영향력을 가진다. 그러나 그들을 제외한 나머지는 잃고 있다." 국제통화기금(IMF)에 따르면 전 세계에서 집행되는 금융 운영의 50퍼센트가 조세 피난처를 거치며, 이 지역에 잠들어 있는 총액은 2013년 20~30조 달러로 추정되고 있다! 이렇게 많은 부가 그것이 생성된 국가를 탈출해서 정부가 회수하지 못하는 곳으로 가는 것이다. 그 결과, 국가는 기반 시설과 학교, 병원 건설 등에 제약을 받게 된다. 이런 거래를 둘러싼 방법 덕분에 모든 유형의 현금 흐름이 기록되고 돈세탁과 부패한 엘리트층의 재산 증식을 위한 완벽한 기회를 제공하고 있다.

국가는 자신들의 손을 빠져나간 돈을 되찾으려 애쓴다. 그러나 세금 관리 부서와 함께 이런 거래를 추적할 능력이 없는 남반구의 국가들은 조세 피난처의 첫 번째 희생자가 될 수밖에 없다. 중국, 인도, 라틴 아메리카 및 아프리카연합은 국제 규율을 만들 수 있는 정부 간 국제 세무기구의 설립을 여러 번 요청했지만, 이후 아무것도 결정되지 못한 상황이다. G20도 2016년에 수많은 국가 내 금융 비밀을 추적, 제거하기 위해 로비 활동으로 압력을 가했지만 결과는 여전히 미정이다.

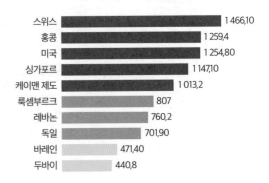

2015년 가장 위험한 조세 피난처 상위 10곳
(금융 불투명성+전 세계 금융 내 비중)

스위스	1 466,10
홍콩	1 259,4
미국	1 254,80
싱가포르	1 147,10
케이맨 제도	1 013,2
룩셈부르크	807
레바논	760,2
독일	701,90
바레인	471,40
두바이	440,8

세상을 뒤흔든 조세 회피처 폭로 사건은?

2016년 4월 국제탐사보도언론인협회(ICIJ)의 노력 덕분에 역사상 가장 큰 규모의 데이터가 유출되었는데, 일명 '파나마 페이퍼'였다. 파나마의 최대 법률 회사 '모색 폰세카'의 자료에서 유출된 분량은 1,150만 개였으며(2,300GB USB 플래시 드라이브), 21만 4,000개가 넘는 회사와 재단이 파나마에서 불투명한 조세 운영, 자금 세탁 및 세금 회피와 관련되어 있었다. 한바탕 마른하늘에 날벼락이 떨어지고, 언론 매체에서 소용돌이가 휘몰아치고 난 후 1년 반이 지나서 새로운 사건, 파라다이스 페이퍼가 2017년 11월에 터졌다. 파라다이스 페이퍼는 크게 세 종류로 분류되는 데이터 총 1,350만 개의 문서로 이루어졌으며 1,400GB 용량이었다. 여기에는 개인과 기업을 합해 12만 개의 이름이 거론되었으며, 2만 5,000개의 해외 기업과 19개의 조세 피난처에 대한 문서가 포함되었다.

일부 국가는 세금을 감면받을 수 있는 방법을 모색 중인 외국의 부를 유입하기 위해 세금을 대폭 줄이고, 그 과정을 불투명하게 만드는 데 주저하지 않는다. 전 세계 기업들에게 세금 투명성은 반드시 강제되어야 하는 부분인데, 신고되지 않은 채 정부를 빠져나가는 돈은 국가 발전을 막는 큰 손실이기 때문이다. 문제는 세금 감면을 시도하는 행위자들이 발각되는 즉시, 이들의 이주를 승인하는 영토를 찾는 것으로 충분하다는 사실이다.

🫖 18 조직범죄는 어떻게 돈을 벌까?

콜롬비아의 파블로 에스코바르, 멕시코의 엘 차포, 미국의 알 카포네, 미얀마의 쿤 사, 인도의 카스카르… 전 세계 어느 지역도 불법 거래로부터 자유롭지 못하다. 암시장의 거물 사업가들은 밀수 거래, 불법과 세계화 현상에 대해 특히 잘 파악하고 있다. 이 중에서 어느 시장에서 수입이 가장 좋으며, 불법 거래를 효과적으로 퇴치할 수 있는 방법은 무엇일까?

조직범죄란 무엇인가?

지구상 어딘가에 어느 제품이나 서비스에 대한 수요가 있는 순간부터 누군가는 돈을 대가로 그것을 제공할 준비가 되어 있다. 물론 기업들은 합법적 제품이나 서비스 수요에 맞추려 하지만, 어떤 사람들은 불법적인 수단과 방법을 동원하는 것도 주저하지 않는다. 매우 높은 위험을 감수해야 할 뿐 아니라 이 시장에서 활동하는 사람이 극소수이기 때문에 그 가격이 높을 수밖에 없다.

그러므로 우리는 불법 거래를 하는 사람들을, 가능한 한 빠르게 이익을 내는 것이 유일한 목표인 사업가로 생각해야 한다. 기존의 관례적인 비즈니스와 마찬가지로, 불법 거래 종사자들은 위험을 줄이기 위해 활동의 폭을 다양하게 넓힌다. 익명의 범죄 네트워크는 점점 더 복잡해지고 성장해서 단일 국가의 경계를 넘어설 정도가 되었다. 그래서 다국적 범죄에 대해 계속 언급하는 것이다.

이런 활동은 수면으로 떠오르지 않는 데다가 불투명하기 때문에, 이들이 생산하는 매출을 정확히 파악하기가 어렵다. 10년 전, 다국적 조직범죄가 연간 8,700억 달러, 전 세계 국내총생산의 1.5퍼센트에 달했다!

현재의 주요 조직은 멕시코와 콜롬비아의 카르텔(콜롬비아의 칼리, 멕시코의 시날로아 주와 후아레스), 이탈리아의 마피아(시칠리아 섬의 코사 노스트라, 나폴리의 카모라, 칼라브리아 주의 은드랑게타), 코르시카의 암흑가와 범죄 조직, 러시아의 러시아 마피아, 중국의 삼합회, 일본의 야쿠자다. 특정 활동에 경쟁력을 갖춘 이 조직들은 영역을 점령하고 독점 공급권을 행사하려고 한다. 국제형사경찰기구(인터폴)는 국제적 차원에서 불법 거래를 제압한다. 그러나 불법 거래에 관심을 갖고 조직에 가담할 가능성이 높은 다른 행위자들은 얼마든지 존재한다. 예를 들면 혁명 세력이나 테러 세력이다. 정치 자금을 조달하기 위해 혁명 세력이나 테러 조직이 마약을 생산하고 판매하는 것이다. 실제로 콜롬비아무장혁명군은 코카인 거래, 탈레반은 헤로인 거래에 관여했다. 이슬람 국가들은 고고학 유물 밀수, 장기 거래, 원유 밀거래를 선택했으며, 시에라리온의 혁명연합전선은 다이아몬드 밀매에 뛰어들었다.

> **70~80퍼센트**
>
> 유럽에서 인신매매 피해자의 70~80 퍼센트가 매춘으로 내몰린다.

불법 거래와 관련된 주요 흐름은?

아프리카는 위조 의약품의 주요 소비 시장이며, 중국은 삼합회 덕분에 위조 상품 공급에 가장 선두에 있다. 무기는 대부분 미국과 구소련에서 제공되고, 매춘 관련 인신매매는 라틴 아메리카, 아프리카 및 동유럽에서 조직적으로 행해지고 있다. 위조지폐, 보호종, 장기 밀매, 폐기물도 불법 거래 목록에 추가된다. 조직범죄는 사기 행위로 진행되며, 유럽연합 보조금과 개발에 할애된 예산을 횡령하고 있다. 불법성을 이용함으로써, 인신매매자는 희소성을 조직하고 폭력적으로 독점을 점유하고 있다.

전 세계 주요 불법 거래 분포 상황

위조 의약품은 왜 생산되는가?

마약은 오랫동안 조직범죄에서 가장 이득이 높은 분야로 연간 2,430억 유로가 거래되며, 이는 스웨덴의 국내총생산과 맞먹는다. 그러나 위조품이 마약을 능가해 더 이익이 높다. 특히 막대한 양의 투자금에 대한 수익 외에도 관련 위험도가 낮다(형벌이 때로는 상징적인 수준에 그친다). 불법복제의약품조사연구소(IRACM) 소장 베르나르 르로이에 따르면, 마약 밀매에 1,000달러를 투자하면 2만 달러의 수입이 생기지만, 위조 의약품의 경우 20~50만 달러의 수입이 생긴다.

현재 위조 생산은 뒷방에서 거래되는 수공업적인 과거의 이미지와는 달리 대부분 산업적인 수준으로 진행되는데 마약 밀매보다 감시망이 적은 덕분이다. 물론 아프리카 등지와 같은 일부 지역에서는 대규모 통관 업무가 수행되고 있다. 2016년 9월, 대륙의 15개 항구(탄자니아·베냉·토고 등)에서 9일간 1억 1,300만 개의 위조 의약품이 압수되었다. 세계관세기구(WCO)는 이를 중국과 인도산으로 추정하고 있다. 위조 의약품의 종류는 생명을 유지하는 데 필수적인 의약품으로 항생제, 말라리아 예방약, 결핵 치료제 등이다.

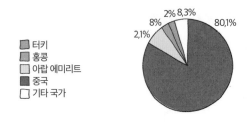

2% 8,3%
8%
2,1%
80,1%

- ■ 터키
- ▨ 홍콩
- □ 아랍 에미리트
- ■ 중국
- □ 기타 국가

유럽에서 압류된 위조품 출처국

신흥 국가와 개발도상국에서 위조 의약품의 비율은 전국 의약품의 30~40퍼센트까지 증가할 수 있다. 높은 수익성 때문에 멕시코 주요 카르텔은 심지어 위조 의약품 분야로 활동 범위를 옮기는 모양새다. 세계보건기구(WHO)가 위조 의약품 퇴치 전쟁에 우유부단한 태도로 대응하는 반면, 인도와 중국, 브라질은 위조품 생산 현상에 훨씬 더 주의를 기울이고 있다.

불법 거래를 막는 해결책은?

조직범죄와의 싸움은 끝없는 골칫거리다. 조직범죄는 이익에 따라 움직이기 때문에 모든 수단과 방법을 동원해 현금을 유입하는 것에 집중한다. 이를 '문어발', '히드라', '불사도', 이렇게 세 가지 비유를 들어 설명할 수 있다.

1. 문어발. 조직범죄는 한 활동 분야에서 내쫓기면 바로 다음 날 다른 분야로 옮긴다. 유로폴에 따르면, 불법 이민 관련 행위자의 20퍼센트가 마약 불법 거래에 가담하고 있다. 조직이 문어발식으로 운영되어, 만약 머리를 자르더라도 팔이 사방으로 뻗어나간다.

2. 히드라. 조직망의 우두머리를 체포하면, 체포되지 않은 사람들이 조직의 권력을 놓고 싸워서 결국 두 개의 새로운 조직이 형성된다. 머리를 자르면 두 개의 머리가 새로 나는 것이다.

3. 불사조. 제품에 대한 수요가 지속되는 한, 제품을 공급할 위험이 있는 사람들이 언제나 존재한다. 수년간 불법 거래의 뿌리를 뽑기 위해 노력했는데, 곳곳에서 불씨가 다시 타오르는 셈이다.

기존의 불법 거래망을 제거할 때 부딪히는 거대한 어려움에도 불구하고, 조직망에 계속적으로 압력을 가해야 한다. 그렇지 않으면, 그 수는 폭발할 것이다!

세계보건기구에 따르면, 전체 의약품의 7~10퍼센트가 위조 의약품이다.

불법 거래와 관련해서는 자금 세탁과 공식적 경제로의 통합 문제가 뒤따른다. 이는 조세 피난처와도 연결된다. 따라서 불법 거래와 부패의 연결 고리를 간과할 수 없다. 정치인이 불법 사업에 참여할 수도 있는데 멕시코의 일부 주에서는 마약 생산지에 대해 직접 언급하기도 한다.

🍵 우주 정복에 왜 나설까?

우주 항공 관련 뉴스는 부족한 적이 없었다! 토마스 페스케가 국제우주정거장(ISS)에 6개월간 체류한 것부터 공중으로 부양하는 엘론 머스크의 자동차를 보여주는 스페이스엑스 비디오에 이르기까지 바야흐로 우주 개척의 시대가 왔다! 어떤 사람들은 이를 '새로운 별들의 전쟁'이라고 말한다. 그런데 왜 인류는 이 분야에 투자하고 있으며, 왜 전 세계가 우주를 향한 경주에 참여하고 있는 것일까? **우리의 시야를 우주로 넓혀보자!**

인류는 왜 우주로 날아가는가?

우주는 가까이 있지만 그곳으로 가는 건 어렵다. 우리 머리 위 공중 100킬로미터 높이에서는, 물리적 여러 요소에 의한 제약과 중력에 반하여 무언가를 수직으로 보내기란 결코 쉽지 않다.

제2차 세계 대전 동안 독일이 진행했던 수많은 연구, 특히 로켓의 개발 덕분에 우주 정복은 빠르게 진척되었고, 20세기 후반기는 우주 정복 분야에서 위대한 시기 중 하나였다. 냉전 동안 벌어진 구소련과 미국의 우주 정복 경쟁으로 수많은 진전이 가능했다. 구소련은 1960년 유리

가가린을 우주로 보내면서 인류 역사상 최초로 사람을 우주 공간으로 보낸 국가가 되었다. 그러나 1969년 달에 인간의 발을 최초로 내딛게 했던 국가는 미국이었다.

1998년 이후 국제우주정거장은 지구 주변 궤도에 설치되었으며, 최근에는 우주비행사들이 그곳에 머물며 중력과 관련된 의학 연구를 수행하기도 했다. 건강 분야는 우주에서 진행된 과학 실험의 혜택을 가장 많이 받은 분야다. 미국 정부는 프로젝트에 참여한 일본, 러시아, 캐나다, 유럽우주국의 10개 회원국과 협력하여 2024년까지 국제우주정거장의 운영 자금을 조달하기로 결정했다.

케이프커내버럴

주요 우주 항공 기지는 어디인가?

미국은 알래스카와 하와이를 비롯하여 자국 영토 내에도 발사 기지를 많이 소유하고 있으며, 프랑스의 경우 프랑스령 기아나의 쿠루에서 대부분의 우주 프로그램을 실행하고 있다. 러시아는 자국 내 영토를 기반으로 하지만 우크라이나와 카자흐스탄의 바이코누르에도 기지를 두고 있다. 중국과 일본도 기지를 잘 갖추고 있으며, 이스라엘과 브라질, 인도, 케냐도 해안을 따라 기지를 설치해놓았다. 현재는 12개국이 경쟁 중이며, 우주 정복은 아직 모든 국가에게 개방되어 있지는 않다.

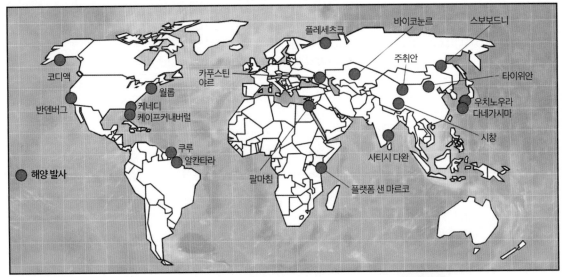

전 세계 주요 발사 기지

우주 정복은 어떤 도전인가?

과학적 발견 외에도 우주 프로그램을 개발하는 국가는 지구를 더 잘 통제하면서 전략적 이점을 얻으려 한다. 예를 들어, 기상의 불확실성을 예측하고, 특정 현상을 예측해 지도를 작성하고, 군사 작전 실행과 정보 임무를 위해 최고의 자료를 갖출 수 있다. 우주 공간의 군사화는 21세기 지구의 가장 중요한 지정학적 문제 중 하나다.

필라에가 성공적으로 착륙하고 아리안 5를 발사한 지 19년이 지난 2014년, 우주 공간 개척과 관련된 유럽의 각 장관들이 새로운 위성 발사기 아리안 6를 생산하기로 합의했다. 첫 번째 발사는 2020년으로 예정되어 있으며, 그해 일본 로켓이 소행성으로 3년간의 여행을 위해 출발할 예정이며, 미 항공우주국은 오리온 캡슐의 무인 시험 비행을 최초로 시도할 것이다.

미국은 여전히 우주 항공 분야에 가장 많이 투자하는 국

우치노우라우주공간관측소

가다. 2010년, 지구 주변 궤도에서 활동 중인 수천 개의 위성 중 50퍼센트가 미국의 위성이다. 중국은 우주 공간 개척을 우선순위 중 하나로 설정했으며, 2022년경에는 영구적으로 거주하는 우주 정기장을 궤도에 배치하기를 희망하고 있다. 러시아는 인도와 협력해 지금부터 2025~2040년을 목표로 한 거대한 '달 프로젝트'를 시작했다. 일본과 남한도 매우 야심찬 우주 정복 프로그램을 세우고 있다. 남한은 로켓 제조에 착수했으며, 러시아와 협력해 2025년까지 과학 탐사선을 달로 보낼 계획이다.

민영 업체에서도 이 분야에 출현하며 우주 공간 개척 경쟁이 과열되고 있다. 미국의 스페이스엑스와 비교할 만한 중국의 원스페이스테크놀로지는 자국 내 첫 민영 로켓을 발사하는 데 성공했다. 스페이스아너와 랜스페이스 모두 중국 시장으로 진출하기를 희망하고 있다. 우주 공

간 개척에 뛰어든 주요 기업이나 단체로는 EADS의 자회사인 아스테리움, 버진 그룹의 인갤럭틱, 스페이스햅, 로켓랩, 블루오리진 등이 있다.

우주 탐사 비용과 실제 영향은?

미국은 국가 전체 예산의 20퍼센트를 국방비로 지출하며, 항공우주국에는 단 0.5퍼센트 예산만을 할애하고 있다. 캐나다는 전체 예산에서 국방비 8퍼센트를, 캐나다우주국에 0.14퍼센트를 지출하고 있다. 즉 미국에서 군사비는 1인당 하루 6.40달러, 우주 탐사 비용은 15센트가 지출되고 있는 것이다. 캐나다에서 국방비는 1인당 하루 1.60달러, 우주 탐사 비용은 3센트가 지출된다. 프랑스에서 우주 탐사에 할애한 비용은 1인당 하루 0.5유로다.

이런 예산 덕분에 전개된 프로그램은 여러 분야에서 새로운 발견을 가능하게 하여 인류 전체에 이익을 주고 있다. 가장 큰 발전 중 하나로 위성을 통한 내비게이션 시스템인 GPS를 꼽을 수 있다. GPS는 철도 운송 및 차량 안내, 버스 교통과 해상 항해 규제, 모바일 전화 통신에 사용된다. 우주 공간에 대한 연구는 생존을 위한 방어 체

제, 에어백, 공기 주입 풍선, 난연성 섬유, 이동 전화, 원격 의료, 의약품 분자(당뇨병·유방암·암), 영상 의료기, 일기 예보, 지도 제작, 지하수 연구, 텔레비전, 컴퓨터, 휠체어, 연기 감지기를 비롯해 심지어 기저귀 등을 개발할 수 있도록 했다(〈인터스텔라〉〈그래비티〉와 같은 영화에서 보았던 환상을 깨트려 유감이지만, 최초의 우주 비행사들은 흡수제가 포함된 위아래가 붙은 작업복을 입었다!). 미 항공우주국만으로도 우주 공간에서 진행된 연구로 인해 타 분야에서 1,600개의 혁신이 이루어졌다고 추정하고 있다.

20달러
2017년 프랑스에서 우주 개척 프로젝트를 지원하기 위해 1인당 거두어들인 세금. 미국의 경우 50달러, 영국은 8달러다.

우리는 현재 우주와 관련된 매우 흥미로운 시대를 목격하고 있다. 이 분야의 개척이 이루어낸 과학적·기술적·경제적·전략적 영향 덕분에 지속적으로 새로운 도전을 이끌어내고 있다. 앞으로 또 어느 국가가 이 경주에 참여할지 기대해본다.

20 자연재해는 어디서 일어날까?

만약 당신이 어느 영토의 우두머리로서 그곳에 사는 사람들의 안전을 책임지고 있다고 상상해보자. 재난 발생을 막으려면, 지형의 지리와 관련된 자연적 위험에 대한 정보를 알고 있어야 한다. 자연재해는 여러 형태로 나타나는데 한 가지 유의할 점이 있다면, 규모가 큰 재난이 반드시 가장 많은 사망자를 유발하지 않는다는 것. 자, 마음을 단단히 먹고 태풍의 심장으로 들어가보자!

자연재해란 무엇인가?

자연재해는 갑자기 발생해 재앙을 초래하는 사건이다. 분화와 홍수, 운석 낙하 등 완전히 자연 발생적인 지구역학 현상은 지구의 진화에 관여하는 것으로, 우리는 '자연적 돌발 위험'이라 부른다. 이것은 완전히 중립적인 명칭이지만 이런 현상이 주택가, 편의 시설 또는 직장 근처에서 발생하는 순간부터 인간에게 위험이 된다. 한 국가 또는 한 지역에서 자연적 사건이 발생할 확률을 지정하기 위해 '자연적 위험'이라 말하고 사건이 발생하면 자연 재앙이 된다.

재해의 유형은 다양하다. 지진, 화산 분출(용암이 흐르는 분출과 폭발적 분출), 운석 낙하, 홍수, 폭풍, 태풍, 토네이도, 눈사태, 가뭄과 한파 등. 이런 현상이 다수가 축적되면 그 결과는 참혹한 수준으로 증폭될 수 있다. 홍수나 가뭄

은 농작물과 가축의 손실로 인한 기근을 유발할 수 있으며, 전염병의 확산으로 연결될 수도 있다. 일본의 후쿠시마에서 발생한 재난은 특히 엄청난 재앙이었다. 바다에서 발생한 지진이 쓰나미를 유발했고, 해안에 위치한 원자력 발전소를 훼손하고 폭파해서 방사능 폐기물이 유출되었다.

자연재해가 가장 많이 발생하는 지역은?

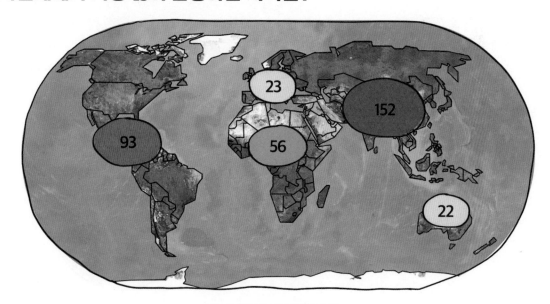

2015년에 집계된 자연재해 발생 건수

매해 홍수와 지진, 쓰나미, 태풍 등 자연재해가 가장 많이 발생하는 지역은 아시아이며, 미국과 아메리카 대륙도 일반적으로 큰 영향을 받는다. 2000년과 2015년 사이에, 자연재해로 인한 피해(480억 달러로 추정)의 절반이 아시아에서 보고되었다.

그러나 여기에 한 가지 질문이 제기된다. 자연재해에 가장 많이 노출된 지역에서 가장 많은 피해와 가장 많은 사망이 발생하는가? 그런 점에서 일본의 예는 놀랍다. 일본은 세계에서 17번째로 자연재해가 잦은 국가로 분류되지만, 자연재해에 가장 취약한 순으로 분류했을 때 160위다. 위험에 노출되어 있지만, 보호할 수단을 갖춘 것이다. 위험과 피해의 비율이 체계적으로 비례하는 건 아니다.

멕시코의 우기

빈번하고 폭력적인 자연재해는?

자연재해의 빈번도와 폭력성에는 아무런 관계가 없다. 1990년부터 2007년까지 일어난 자연재해의 34퍼센트는 기상 현상이었다. 그중 특히 규모가 크고 규칙적으로 발생하는 토네이도 때문에 1년 동안 발생한 사망자는 350명이다. 반면 2010년 아이티에서 발생한 지진 때문에 25만 명의 희생자가 나왔다. 이 두 사례를 비교하기는 어렵다. 지진과 같은 유형의 재해는 전체의 8퍼센트에서만 나타난다. 예상하기 어려운 지진의 자발성 때문에 파괴적인 결과가 일어난다.

이런 위협으로부터 국민을 보호할 수 있는 국가의 능력이 자연재해에 대한 '취약성'이라는 요소로 평가되며, 이는 국가의 발전 수준과 명확히 연결된다. 부유할수록 자연재해의 결과를 미리 방지할 수 있는 수단이 잘 갖추어져 있다. 반대로 노후된 인프라로 인해 취약한 빈곤 국가

는 위험에 직접적으로 노출되지 않으면 위험에 처했다고 간주되지 않는다. 그래서 한 국가의 자연 위험에 대해 논의할 때 두 가지 요인을 고려한다. 위험에의 노출 정도와 취약성을 제한할 수 있는 능력이 그것이다. 이런 재해는

1990년~2017년 집계된 자연재해

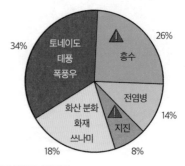

▲ 가장 위험한 자연재해

지속적으로 개발도상국에 타격을 주었고, 국제연합 식량농업기구(FAO)에 따르면, 가뭄은 특히 아프리카 대륙과, 라틴 아메리카, 카리브 제도에 다른 모든 재해보다 더욱 파괴적인 영향을 준다.

자연재해에 가장 큰 피해를 입는 사람들은 결과적으로 최하위 빈곤층이다. 허리케인 카트리나의 희생자 대부분은 가장 혜택을 받지 못하는 사람들이었다.

자연재해를 막을 수 있는가?

위험을 줄이려면, 우선 자연재해를 잘 이해해야 한다. 국제연합 식량농업기구는 방대한 분량의 연구를 진행했는데, 무엇보다 농업 분야에서 위험을 관리하고 줄이는 것에 대한 연구이며, 개발도상국 사람들이 위협에 직면해 충격을 더 잘 견디도록 돕기 위해서다.

국제연합 전문가들은 기후 변화가 이런 위협을 지속적으로 악화시킬 것이라 경고했다. 실제로 자연재해는 계속 증가해서 1950년 20건의 자연재해가 2000년대에는 500건이 되었다. 2005~2016년까지 개발도상국에 타격을 준 자연재해는 1981~1992년과 비교했을 때 두 배가 되었다. 지진·화산 분출·쓰나미 등 지구물리적 재해가 일어난 것에 비해 기상으로 인한 자연재해 및 기후와 직접 연관된 재해는 더욱 증가했다.

자연재해는 인간이 통제할 수 없는 현상이다. 그러나 연구, 예방 조치 및 최적의 위기관리를 통해 영향력을 제한할 수 있다. 침수 지역이나 눈사태의 회랑 지대에 주거지 건설을 피하고, 쓰나미를 막을 수 있는 가장 효과적인 자연적 보호 장치인 해안을 따라 늘어선 '맹그로브 숲'을 파괴하지 않으면, 영토는 위험을 제한할 수 있다. 마찬가지로, 해일을 알리는 부표를 바다에 설치하거나, 해당 지역에 내진 표준을 충족하는 인프라를 구축할 수 있다.

전 세계적으로 자연재해가 증가하면서 우리는 지구 온난화의 결과에 대해 더 깊이 생각해야 하는 상황에 놓였다. 이 현상들 간의 직접적인 연관성은 여전히 논란의 여지가 있지만, 전문가들은 오래전부터 인류를 향해 경종을 울려왔다. 미래의 지정학적 문제는 가뭄, 기근과 얼마나 관련이 있을까? 우리는 모든 것과 분리해서 환경을 바라보는 습관을 멈춰야 한다. 모든 것은 서로 연결되어 있고, 이 사실은 우리가 환경 문제에 대해 진지하게 생각할 것을 촉구하고 있다. (추신. 자연은 항상 결정권을 갖고 있다!)

🫖 21 전쟁은 왜 일어날까?

'종군 기자', '전쟁터 리포트', '종군 사진가' 미디어에서 지구상에 벌어지고 있는 대립에 대한 정보를 연이어 보도하지 않고 지나는 날은 단 하루도 없다. 전쟁과 대립이 참혹한 결과를 초래함에도 불구하고, 대립은 완화되지 않으며 수많은 영화와 비디오 게임 속에 열정적으로 계속 언급되고 있다. 무장 투쟁에 가담하게 되는 이유는 무엇인가? 오늘날 무력 충돌이 벌어지는 지역은 어느 곳인가?

대립이란 무엇인가?

다수의 행위자들 간의 대립은 적대적 반목 또는 서로 다른 생각과 의지와 연결된 양립 불능을 말한다. 서로 의견이 일치하지 않는다는 건 지극히 인간적이고, 해결책을 찾기 위해 협상을 벌이고 대안을 찾는 등 여러 선택이 가능하다. 그러므로 갈등은 폭력과 구별되어야 하며, 폭력의 사용은 갈등이 극대화된 경우에 불과하다. 행위자들이 힘을 사용해 상대방의 저항을 제압하고 자신의 입장을 관철하려 할 때 이를 '전쟁'이나 '무장 충돌'이라 말한

다. 칼 폰 클라우제비츠에 따르면 "전쟁은 다른 수단을 동원해서 정치를 연장하는 것"이며, 다른 사람이 우리의 의지를 실행하도록 강요하는 것이 목적인 폭력 행위로 정의할 수 있다.

무장 투쟁은 행위자들의 유형에 따라 4가지 카테고리로 분류할 수 있다(그래프 참조). 전쟁이 발발하면 어떤 유형의 갈등인지 정확하게 파악하는 것이 매우 중요한데 국제법, 특히 인도법이 대립의 본질에 따라 다르게 적용되기 때문이다. 만약 한 국가에 내부 분쟁(내전)이 발생하면, 국제적십자위원회(ICRC)와 같은 대규모 비정부기구는 그 영토에 개입하고, 전쟁에 참여하지 않는 인구를 보호하고, 무장 투쟁에 참여한 사람들에게도 권리법이 있다는 사실을 환기시키기 위해 청신호를 준다.

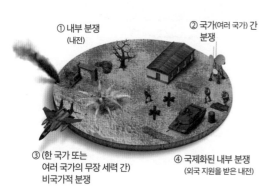

① 내부 분쟁 (내전)

② 국가(여러 국가) 간 분쟁

③ (한 국가 또는 여러 국가의 무장 세력 간) 비국가적 분쟁

④ 국제화된 내부 분쟁 (외국 지원을 받은 내전)

주요 분쟁 지역은 어디인가?

2017년 가장 치명적인 분쟁이 전개된 3개 지역은 중동, 아시아, 아프리카다. 2016년 이라크에서는 6,878명, 아프가니스탄에서는 3,498명의 시민이 사망했다. 시리아 분쟁은 2011년 3월에 발발한 이후 총 20만 7,000명의 생명을 빼앗았고, 예멘에서는 단 2년 만에 만 명이 사망했다. 2016년 7개 전쟁이 아프리카에서 진행 중이었지만(2015년보다 2개가 적다), 수단의 다르푸르와 나이지리아에서는

교착 상태이며, 남수단에서는 분쟁이 강화되었고, 보코하람의 영향을 받은 국가에서는 분쟁이 둔화되었다.

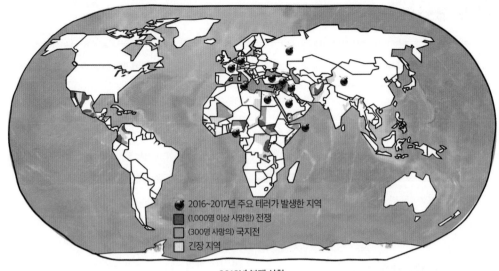

2018년 분쟁 상황

2016년 유럽에서는 단 1건의 분쟁이 집계되었고(우크라이나에서 발생했는데 친러 세력이 우크라이나 정부에 반대하며 대립), 아메리카 대륙에서도 1건(멕시코에서 의약품 카르텔이 정부에 대항), 아시아에서도 1건(파키스탄에서 여러 이슬람 단체가 당국과 충돌)이 집계되었다. 제2차 세계 대전 이후 분쟁의 수는 감소했지만, 2010년 이후 약간의 증가 추세였다.

갈등은 어떻게 진화하는가?

과거에는 국가 간 무장 분쟁이 주요 양상이었던 반면, 오늘날에는 이런 양상이 거의 사라진 듯하다. 1990년대 이후 국가 간 무장 분쟁은 5건으로 집계되는데, 인도와 파키스탄, 2003년 이라크와 영미 연합군, 그리고 수단과 남수단 간의 분쟁이었다. 그러나 국가 간 긴장과 대립 양상은 지속되고 있으며, 2016년 69건의 국가 간 분쟁이 있었으나 비폭력적이었고 낮은 강도로 진행되었다. 시간이 지나면서 대부분 내부 갈등으로 이동하는 추세이며, 국제적십자위원회는 정부 세력과 비정부적 무장 세력이 대립하는 비국제적 무장 대립의 수가 2001년 30건에서 2016년 70건으로 증가했다는 사실을 지적하고 있다. 국

"단 한 번도 좋은 전쟁이 있었던 적은 없으며,
마찬가지로 나쁜 평화도 존재하지 않는다."
-벤자민 프랭클린

제적십자위원회가 지적한 또 다른 주요 진화 양상은, 대립에 개입된 집단의 수다. "진행 중인 대립의 3분의 1만이 두 집단 간의 갈등이다. 그리고 전체의 44퍼센트는 3~9개의 적대 세력 간의 갈등이다." 이익 관계, 영향력, 연합 양상이 매우 복잡한 양상을 띠는 것이다!

분쟁의 주원인은 무엇인가?

무엇이 행위자들을 전쟁으로까지 몰고 가는지 이해한다는 건 분쟁을 끝내기 위한 대안적 해결책을 찾을 수 있는 가장 좋은 방법이다. 분쟁은 본질적으로 다음과 같은 성격을 띤다.

1. 정치적 성격. 권력 싸움으로 정치 시스템에서 양립할 수 없거나 또는 어느 지역 또는 어느 국가가 자치권을 주장하는 경우다. 이란과 사우디아라비아는 모두 그 지역의 지도자가 되려고 한다. 2016년 정치권력 관계와 관련해 총 32건의 분쟁이 집계되었다.

2. 경제적 성격. 어로 자원과 담수, 탄화수소 등 자원을 둘러싸고 갈등이 빚어진다. 지구상에 자원이 불평등하게 분포되어 있다는 사실, 개발을 위해 지난 수십 년간 자원 의존도가 급상승했다는 사실에서 유발되는 갈등이다. 2016년 극지방, 중국해 등 19건으로 집계되었다.

3. 영토적 성격. 국경 지역에서 양립 불가능한 경우다. 2016년에 기록된 대립 양상 중 가장 많다. 국가 간 대립 69건 중 43건이 캐시미르 지방, 이스라엘 등 영토 분쟁이다.

4. 사회-문화적 성격. 민족과 종교, 또는 대립되는 이데올로기 문제가 긴장으로 확대되는 경우다. 2016년 발트 국가 내 러시아인, 미국 내 멕시코인 등 19건이 발생했다.

분쟁의 본질적인 성격을 구분할 때 유의할 점은, 의도적으로 매우 단순하게 구분했으며, 대부분의 분쟁에는 이들이 복합적으로 얽혀 있다는 것이다. 또한 정보를 편집하고 이슈를 조절하는 미디어의 역할을 상기하는 것이 중요하다. 이렇게 응축시키는 건 위험하다. 마찬가지로, 한 국가 또는 국민을 움직이기 위해 몇몇 요인을 다른 요인보다 먼저 거론하고 주목하며 군사적 행동을 격려하고 합법화시킨다. 대표적인 예가 미국의 이라크 내 개입이다.

분쟁은 진화한다. 그리고 전문가들은 미래에 기후, 기후 난민, 특정 자원의 부족이 분쟁의 양상에 영향을 줄 수 있으며, 세계화에 대한 반발처럼 '정체성 전쟁' 또는 정보의 대중화와 소셜 네트워크의 영향력과 연결된 '미디어 전쟁'의 형태로 나타날 수 있다고 예상한다.

🫖 22 셰일 가스는 어디 묻혀 있을까?

우리는 석유, 석탄 천연가스에 대해 이미 알고 있다. 이외에도 가장 많이 논의되고 있는 자원은 '셰일 가스'(오랜 세월동안 모래와 진흙이 쌓여 굳은 탄화수소가 퇴적암층에 매장된 가스로, 전통적 가스전과는 다른 암반층에서 채취하기 때문에 비전통 천연가스로 불린다-역주)다. 셰일 가스를 둘러싸고 어떤 논쟁이 벌어지고 있으며, 만약 유럽에서 셰일 가스를 개발한다는 결정을 내리면 어떤 결과가 일어날까? 헬멧과 곡괭이를 준비하고 지구의 가장 깊은 곳으로 들어가보자!

셰일 가스란 무엇인가?

지표면 아래에는 인간이 에너지 자원으로 이용할 수 있는 유기 화합물이 매우 풍부하게 묻혀 있다. 이것은 수천 년의 긴 과정에서 형성되었으며, 인간이 살아가는 기간에는 재생되지 않기 때문에 '재생 불가능 자원'이라 불린다. 탄화수소의 큰 줄기에서 자원은 추출된 깊이와 지질층에 따라 다르게 분류될 수 있다. 석탄과 석유, 천연가스를 포함하는 기존의 탄화수소가 가장 잘 알려져 있다. 이들은 하층토에서 그 상태로 추출되며, 거대한 광혈 안에 있는 석유와 천연가스의 경우에는 수직 갱도를 통해 끌어올리기만 하면 된다.

비전통적인 탄화수소도 마찬가지로 지하에 묻혀 있다. 그러나 거의 투과할 수 없고, 대부분 다공질이 아닌 암석 안에 퍼져 있다. 이 가스를 추출하려면 단순한 수직 갱도 만으로는 충분하지 않으며, 암석 안에 스며 있는 가스를 방출하기 위해 암석을 부수는 작업을 수행해야 한다. 암석 유형에 따라, 점토 퇴적 혈암 바위에서 셰일 가스를, 석탄 가스, 셰일 오일 또는 오일 샌드를 추출할 수 있다. 바위를 부수기 위해 수행되는 작업, 수압 파쇄는 특히 환경에 영향을 줄 수 있기 때문에 논란의 여지가 있다. 셰

전통 탄화수소   비전통 탄화수소

일 밴드에서 추출된 가스는 천연가스와 마찬가지 방법으로 난방과 전기 생산을 위해 사용된다.

지하 1,000~4,000미터

셰일 가스를 함유하는 암석은 일반적으로 지하 1,000~4,000미터 깊이에 있다.

탄화수소는 어디에 있는가?

중국은 세계에서 셰일 가스 매장량이 가장 많은 국가이며, 그 뒤로 아르헨티나와 알제리, 미국, 캐나다, 멕시코, 오스트레일리아 순이다. 유럽에서는 폴란드가 가장 많은 매장량을 보유하며, 그다음이 프랑스와 루마니아, 덴마크, 영국이다. 지표면 아래 이 자원이 매장되어 있다고 모든 국가가 개발하겠다는 결정을 내리지 않는다. 미국과 캐나다는 추출을 시작했지만, 프랑스와 불가리아는 현재 추출 금지다. 네덜란드와 독일은 검토 및 연구할 시간을 벌기 위해 모라토리엄에 투표했다.

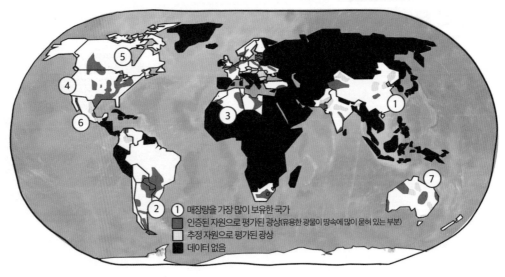

매장량이 가장 많은 국가

① 매장량을 가장 많이 보유한 국가

■ 인증된 자원으로 평가된 광상(유용한 광물이 땅속에 많이 묻혀 있는 부분)

□ 추정 자원으로 평가된 광상

■ 데이터 없음

셰일 가스는 환경을 파괴하는가?

가장 중요한 건 환경 분야다. 소위 유명한 수압 파쇄를 실행하려면, 1,000~1,500만 리터의 물을 고압으로 수직갱도 안에 분사해 암석을 부수어야 한다. 이 물의 양은 올림픽 수영장 4개 분량에 해당하고, 분사되는 물 99퍼센트는 1퍼센트의 화학 물질(수산화나트륨·메탄올·구리·디젤·황산·에틸렌글리콜)을 수반한다. 그런데 이 화학 물질이 발암성 물질이라는 주장에도 불구하고 수압 분쇄에는 필요하다. 화학 물질을 불연성 프로판, 소금, 설탕, 헬륨 또는 질소로 대체하고 얼나 공압 충격을 수행하는 다른 파쇄 방법이 시험 중이다. 그러나 현재 결과는 확실하지 않다. 비용이 너무 높고, 오염이 매우 심하고, 수익성이 충분하지 않기 때문이다. 가스나 화학 물질이 파이프에서 빠져나와 지하수층까지 스며들며, 하층토의 다른 곳

으로 새어나갈 수 있다. 그래서 수도꼭지에서 나오는 물을 라이터로 점화시키는 이상한 현상이 발생했는데 유튜브에서도 확인할 수 있다!

또한 산사태, 소규모 지진, 가축과 작물에 오염을 유발해 주민들이 강력히 반발할 수 있다. 셰일 가스는 연소 시 배출하는 이산화탄소량이 석탄에 비해 절반에 불과한 대신 메탄을 방출해 온실 효과에 일조한다. 향후 10여 년간 재생 불가능 자원에 투자하는 건 재생 가능 자원의 경쟁력을 떨어뜨리는 결과를 초래한다. 그러나 이 자원을 개발하면 고용을 창출하고 가스 가격을 낮출 수 있기 때문에 몇몇 지역이 국가 간 힘의 관계에 변화를 가져올 에너지 독립을 연구하는 것을 가능하게 한다.

새로운 에너지 지정학인가?

환경적·지질학적 현실에 직면하여 경제적 현실이 있다. 만약 한 국가가 발전하기 위해 자원이 필요한데 자국 내에 충분한 양을 보유하고 있지 못하면, 그 국가는 자원을 보유한 다른 국가에서 수입해야 한다.

2015년 미국의 셰일 가스 생산은 미국 내 천연가스 전체 생산량의 3분의 1에 도달했다. 펜실베이니아주는 '가스의 사우디아라비아'로 통하는데 20년 동안 굴착 횟수가 27회에서 1,300회로 늘면서 18만 개의 일자리를 창출했다(간접적인 일자리까지 포함하면 22만여 개다). 경제적 선택이 환경상의 선택을 앞서며, 이 국가는 전 세계에서 제1의 생산국이 될 것이다. 몇몇 추측으로는 사우디아라비아를 능가할 수도 있다.

미국과 러시아는 무엇보다 에너지 문제에서 긴장 관계에 놓여 있다. 여기에 셰일 가스가 불에 기름을 붓는 역할을 했다. 유럽은 2017년 러시아에서 유럽 내 가스의 평균 31퍼센트를 수입했는데, 독일의 경우 55퍼센트에 이르며 가스 공급관을 두 배로 늘리려는 향후 계획으로 독일의 가스 수입량에서 그 비율이 100퍼센트로 오를 전망이다! 폴란드도 전체 가스 소비량의 3분의 2를 수입하고 있다. 결론적으로 유럽은 에너지 자원을 러시아에 의존하며 러

셰일 가스를 함유하는 암석은 일반적으로 지하 1,000~4,000미터 깊이에 있다.

시아 역시 유럽에 의존하고 있다. 러시아는 셰일 가스의 가격을 낮추더라도 아시아 시장에 진출하는 데 어려움을 겪고 있어서 유럽이 유일한 판로이기 때문이다.

점점 더 경쟁이 치열해지는 가스 자원을 최근 갖게 된 미국은 새로운 시장 정복에 나섰다. 현재는 카타르가 엄청난 양의 천연가스를 미국으로부터 수입하고 있고, 일본 역시 가격 때문에 미국의 가스에 관심을 가질 수 있다. 유럽 역시 미국의 관심 지역이다. 미국이 유럽에 자원을 공급한다면 유럽의 러시아에 대한 에너지 의존성을 끊고 러시아를 간접적으로 약화시킬 수 있기 때문이다.

요약하면, 에너지 자원과 관련해 세계에는 3가지 형세가 있다. 현재 에너지를 개발 중이거나 기다리거나 금지하고 있는 것이다. 폴란드와 영국은 세금을 면제해주면서 개발을 촉진하려 하지만, 유럽은 매우 신중한 자세를 취하고 있다. 다른 지역보다 매장량이 적을 뿐만 아니라, 유럽의 토양 구성으로 인해 운영에 더 큰 비용이 들기 때문이다. 프랑스는 전 세계에서 처음으로 수압 파쇄를 금지했던 국가 중 하나다.

19세기에는 석탄이 에너지 자원의 선두 주자였고, 20세기에는 석유가 그 자리를 차지했는데 21세기에는 비전통 탄화수소가 그 역할을 넘겨받을 수 있다. 더 건강한 새로운 기술이 발견되면 그 지형 역시 변할 것이다. 이 시나리오에서 어느 부분이 재생 가능 에너지를 취할 수 있을지, 우리는 언제 충분한 수익성을 창출할 수 있을지 더욱 관심이 간다.

23 ☕ 여성이 행복한 나라는 어디일까?

1950년 이후 전 세계 인구에서 남성 인구수가 여성 인구수를 경미하게 앞서고 있다. 매해 남자아이가 여자아이보다 더 많이 출생하고(여자아이 100명당 남자아이 107명의 비율), 성인 연령에서는 전 세계 평균으로 보면 100명의 여성당 102명의 남성 비율로 집계되는데 이는 남성사망률이 더 높기 때문이다. 그럼에도 불구하고 정치적으로 이런 등가 관계가 존중되지 않고 있다. 내각에서 여성이 차지하는 비율은 국가에 따라 60퍼센트에서 0퍼센트인 상황이다. 어느 국가에서 남녀평등이 가장 잘 실현되는지, 남녀평등을 방해하는 요소는 무엇인지 알아보자.

패러티는 지속 가능한가?

사회학과 정치학에서 패러티(parity, 동등함) 문제는 노동·임금의 부분과 사회적·정치적 책임으로 접근 가능성 부분에서 성 평등의 목표를 나타내는 데 사용된다.

그리고 국제기관은 이에 모두 동의한다. 평등이 가장 바람직하다. 주요한 결정에 여성이 포함되지 않는 국가는 인구의 약 50퍼센트를 배제하고 이 50퍼센트는 정치·경제·사회 분야에서 혜택을 받지 못하고 있는 것이다. 경제를 고려하지 않더라도 여성은 당연히 남성과 동등해야 한다. 여성도 인간이라는 걸 기억하라! 세계경제포럼이 2017년에 보고한 바에 따르면 "이런 불평등은 혁신, 창의성, 수익 측면에서 남성과 여성의 더 광범위한 다양성

과 관련된 혜택을 국가로부터 빼앗고 있다".

양성 간의 평등이 바람직하다는 사실에도 불구하고, 실제적으로 상황이 개선된 건 극히 최근의 일이다. 1945년에야 비로소 국제연합은 남녀평등의 일반 원칙을 확립하는 헌장을 제정했다.

남녀평등이 보장된 국가는?

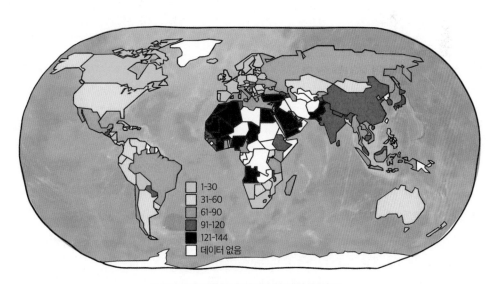

2017년 양성간 격차 분류(세계경제포럼 젠더갭지수)

앞의 지도는 4가지 주요 기준에 따라 전 세계 남녀평등에 대한 개요를 제공한다. 치료와 교육, 경제적 참여, 정치적 책임, 이 4가지에 대한 접근성을 말한다.

세계경제포럼의 분류는 144개국에만 해당하는데 이들 국가가 분석에 필요한 자료를 충분히 제공할 수 있었기 때문이다. 2017년 아이슬란드가 9년째 시상대에 올랐고, 노르웨이와 핀란드, 르완다, 스웨덴, 니카라과, 슬로베니아가 뒤를 이었다. 프랑스는 필리핀 다음으로 11위였지만 독일과 나미비아보다 앞섰으며, 10년 전 70위였을 때와 비교하면 많은 진척이 있었다. 반대로 예맨, 파키스탄, 시리아, 차드, 말리, 사우디아라비아, 레바논은 가장 최하점을 받았다.

여성/남성 평등은 어느 분야를 분석하느냐에 따라 상황이 다르다. 의료와 교육에 대한 접근도에서는 거의 평등한 반면, 이들 국가에서 경제 활동에 참석해 직업을 찾을 가능성을 가진 여성은 전체 여성 중 58퍼센트에 불과했다. 정치적 책임을 살펴보면, 패러티는 23퍼센트까지 떨어진다. 전 세계적으로 일반 평등의 정도가 68퍼센트라는 격차를 생각하면, 우리의 노력이 미래에도 유지되어야 한다는 결론에 이른다. 특히 교육받을 기회에 대한 평등이 중요한데, 여성이 경제 활동과 정치 활동에 진입하려면 교육이 전제되어야 하기 때문이다. 2017년의 연구에서 144개국 중 97개국에서 여성이 남성보다 교육받을 기회를 더 많이 가졌다는 흥미로운 사실을 확인할 수 있었다.

정치 분야를 살펴보면 지난 10여 년 동안 많은 진보가 있었다. 144개국 중 절반에 해당하는 국가에서 여성 정치 지도자가 배출되었거나 현재 임기 중이며(아르헨티나·브라질·독일·리투아니아·핀란드·라이베리아·칠레·말라위·코스타리카 등), 여성이 지도자의 역할을 맡으면서 정부 내 요직에 여성이 임명되는 경우도 증가했다.

정치와 기업의 여성 진출은?

현재의 진보 속도라면, 세계적인 차원에서 남성과 여성 간의 불평등이 해소되려면 210년 이상이 요구된다.

1. 정치 분야. 이론적으로는 남성과 여성 간의 평등은 보장되어 있지만, 현실에서는 여성이 의회에서 차지하는 비율은 겨우 30퍼센트일 뿐이다. 국제연합은 2000년 목표에 남녀평등을 확정했지만, 2016년 6월 국회의 여성 비율은 22.8퍼센트에 불과했다.

2017년 여성이 가장 많이 진출한 정치 분야는 환경, 사회와 가족, 아동과 청소년, 청년, 여성의 지위, 남녀평등, 노인 및 직업 훈련이 대표적이다. 반대로 경제, 교통, 방

2017년 정부 부처직에서 여성 비율

- ⊕ 50~59.9% (불가리아, 프랑스, 니카라과 등)
- 40~49.9% (알바니아, 르완다, 아이슬란드 등)
- 30~39.9% (영국, 독일, 노르웨이 등)
- 20~29.9% (룩셈부르크, 벨기에, 스위스 등)
- 10~19.9% (이라크, 모로코, 이스라엘 등)
- 2~9.9% (브라질, 요르단, 터키 등)
- ⊖ 0% (사우디아라비아, 헝가리, 아제르바이잔 등)

위, 정보, 미디어, 국회와 경제 개발 분야의 여성 진출은 저조하다.

노르웨이의 외무부 수석 비서 토릴드 스카드는 "더 많은 권력을 행사할 수 있는 지위에서 여성의 비율은 더 낮다"라고 언급했다. 실제로 여성의 비율은 장관직 약 18퍼센트, 고위 임원직 7퍼센트로 저조한 상황이다.

2. 기업 내. 프랑스의 경우, 석사 과정 학생 중 여성의 비율은 59퍼센트 이상이지만, 2015년 상장 기업 이사회 내 여성의 비율은 27.8퍼센트에 불과했다. 프랑스의 주가지수 CAC 40의 기업 내에서 이 비율은 상승하고 있는데, 같은 해 34.1퍼센트까지 증가했다(2009년에는 10.7퍼센트였

다). 프랑스는 32퍼센트로 유럽연합 국가 중에서 라트비아와 스웨덴보다 선두에 있다. 그러나 선두의 위치에도 불구하고, 유리 천장은 리더의 역할이나 고위직에서 지속적으로 불평등을 양산하고 있다. 기업 대표직에서 여성은 5~6퍼센트에 불과하다. 유리 천장은 여성이 경력을 쌓거나 지위가 높은 책임직으로 진입하는 데 부딪쳐야 하는 보이지 않는 천장이 있다는 인식이다. 이 현상은 여러 요인에 기인하며, 고용에서의 차별, 학업 중 여성의 야심을 방해하는 고정관념, 통계적으로 여성이 남성보다 가정에 더 많이 관여하기 때문에 회사 업무에 할당할 수 있는 시간이 부족하다는 사실 등을 요인으로 지적할 수 있다.

물론 남녀 불평등 비율이 높은 분야가 불행하게도 이 두 분야에만 국한되는 것은 아니다, 예를 들면 스포츠 분야가 대표적이다. 여성 운동선수는 남성 운동선수보다 미디어에 노출되는 빈도가 훨씬 적고 급여 수준도 낮다!

2234년

2017년의 진행 속도로 보면, 직장 내 남성과 여성 간의 불평등은 2234년 이전에 해소되지 않을 전망이다. 2016년에는 2187으로 추정했다.

여성과 남성 간의 평등을 위한 진척이 이루어지고 있는 건 사실이나(2017년에는 속도가 느려지긴 했지만), 불평등은 여전하다. 진보의 미래는 포용하는 사회를 건설하고 정치 분야에서 여성의 비율을 지속적으로 높이려는 우리의 능력에 달려 있다. 여러 행동 수단을 생각해볼 수 있으며 교육 수준뿐 아니라 종종 논쟁거리가 되긴 하지만 쿼터제를 도입하는 방법도 가능하다.

🫖 24 해협은 왜 전략상 중요할까?

역사를 거슬러 올라가면, 베링 해협이 해협으로서는 처음으로 사람들 사이에 회자되었던 것 같다. 먼 옛날, 사람들은 얼어붙은 좁은 해협을 통과해서 아시아에서 아메리카 대륙으로 넘어갔고, 인디언들의 조상이 되었다. 오늘날 쿠바인들은 플로리다 해협을 건너 불법적으로 미국으로 가고, 초고속 배는 모로코와 지브롤터 해협 간의 빠른 이동을 가능하게 했으며, 해적들은 인도네시아의 말라카 해협을 따라 선박을 공격하고 있다. 이렇게 해협은 전략상 매우 중요한 위치를 차지한다.

해협은 무엇인가?

해협은 두 육지 사이에 위치한 바다의 지류로, 두 대양을 연결한다. 이런 지역은 지리적 상황에 따라 운하, 통로 등 다른 이름으로 불린다. 해양에서 해협은 두 대양을 연결하거나(말라카 해협), 바다와 대양을 연결하거나(지브롤터 해협), 바다와 바다를 연결할(덴마크) 수 있다. 육지에서 볼 때는, 두 대륙을 연결하거나(아프리카와 유럽을 잇는 지브롤터 해협), 섬과 대륙(파-드-칼레 해협), 또는 섬과 섬을 연결하기도(코르시카 섬의 보니파시오 해협) 한다. 이런 공간들은 양방향, 즉 육지와 해양 공간 사이에 흐름을 생성하며 단절과 동시에 연결을 의미한다는 점에서 복잡한 양상을 띠고 있다.

이런 연결 지역의 해양적 공간의 유형에 따라, 그리고 전

세계 해양 수송에 어느 정도 중요성을 지니느냐에 따라 국제적 해협으로 인식되기도 한다. 이 경우 해협을 끼고 있는 국가들은 외국 선박의 통과를 허가하고, 수송을 방해하지 않으며, 안전을 보장해야 한다.

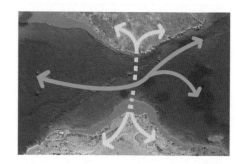

해협은 전 세계적으로 얼마나 있나?

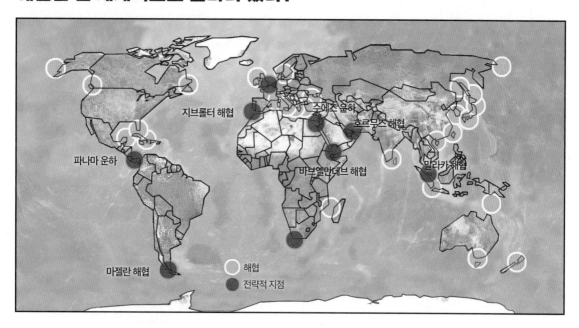

앞의 지도는 세계의 주요 해협을 보여준다. 전체적으로 100여 개의 해협이 있는데, 그 크기와 전략상의 중요도는 매우 다양하다. 전 세계 해양 수송의 요충지로는 말라카 해협, 바브엘만데브 해협, 지브롤터 해협을 들 수 있으며, 여기에 인공적으로 건축한 수에즈 운하와 파나마 운하가 추가된다. 라망슈 해협(영국에서는 도버 해협이라고 부른다-역주) 역시 중요한데, 유럽에서 가장 큰 항구인 로테르담 항구에 정박하고 그곳에서 출발하는 선박들이 오가는 지역이기 때문이다.

해협은 왜 전략적으로 중요한가?

해협은 해양로를 통해 무역을 하려는 모든 국가가 꼭 지나야 하는 지점으로 지구상의 거의 모든 국가가 해당된다! 해협은 물살을 일정 방향으로 유도하고 집중되는 장소이며 무역로에서 주요 연결 지점이다. 수에즈 운하와 파나마 운하뿐 아니라, 해협은 특히 이목이 집중되어 감시되는 장소다. 일부 국가는 해협과 맞닿은 땅에 발을 들여놓기 위해 노력하는데, 지브롤터가 영국령이고, 세우타가 스페인령인 것은 이런 시도의 결과라고 볼 수 있다. 또한 군대를 주둔시켜 해협에 대한 영향력을 확보하기 위해 애쓰는 경우도 많다. 예를 들어, 지부티에 프랑스와 미국, 중국, 일본의 군대가 주둔하고 바레인에 미국군 함대가 주둔하는 것이 여기에 해당한다.

말라카 해협은 인도네시아, 말레이시아와 싱가포르 사이에 위치하는데 전 세계적으로 가장 왕래가 빈번한 해협이다. 이는 동아시아와 유럽 및 중동을 연결하는 2개의 주요 운송 경로의 교차점인 해협의 위치에 기인한다. 싱가포르의 컨테이너 항구가 세계에서 가장 큰 항구 중 하나라는 사실은 놀랄 만한 일이 아니다(2016년에 3,100만 컨테이너가 왕래했다). 말라카 해협도 지역적인 관점에서 특히 전략적으로 중요하다. 이 해협은 아시아-태평양 지역의 동력이 되는 4개국, 일본, 중국, 인도, 인도네시아를 직접적으로 연결하며 일본의 경우 수입품의 41퍼센트, 석유의 80퍼센트를 말라카 해협을 통해 들여온다. 그리

고 석유에 관해 말할 때는 탄화수소 길을 생각하게 된다. 석유 운송과 관련해서는 특히 전략적으로 중요한 해협을 4개 꼽을 수 있는데 호르무즈 해협, 말라카 해협, 바브엘만데브 해협, 포스포루스 해협이다. 그중 호르무즈 해협은 좁은 통로에서 파생할 수 있는 복잡한 지정학적 상황의 완벽한 실례가 된다. 2011년 전 세계 석유의 25퍼센트가 호르무즈 해협을 통과해 지나갔다. 호르무즈 해협은 이란, 오만, 아랍에미리트 사이에 위치해 사우디아라비아, 이란, 아랍에미리트에서 생산되는 석유를 수출할 수 있는 유일한 해상 통로다. 해협에서 가장 폭이 좁은 지역을 통과할 때, 석유 수송선은 이란 해에서 항해한다. 이것은 국가에 큰 자산을 제공하는 셈인데, 특히 몇몇 이웃 국가들과의 까다로운 관계를 생각하면 더욱 그렇다.

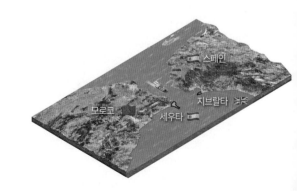

해협에서 발생하는 위험은 무엇인가?

1. 긴장 상황일 때, 다른 국가의 선박 항해를 금지하는 것

2012년, 유럽연합은 이란의 핵무기 프로젝트를 포기하도록 이란에 압력을 가하려는 목적으로 이란에서 석유를 구입하지 않겠다고 결정했다. 그러자 이란은 호르무즈 해협을 봉쇄하겠다고 위협하며 맞섰다. 경제적·전략적 관점에서 보면 이란의 위협은 매우 심각한 수준이다. 이로 인해 이란이 수행한 군사 훈련에서 보여준 것처럼 이 지역 내 군사적 개입이 발생할 수 있다. 게다가 1967년 6일 전쟁은 비슷한 시나리오에서 발발했다. 이집트가 티란 해협을 봉쇄했고, 이에 따라 이스라엘 선박이 아카바만을 통해 인도양으로 갈 수 없게 되자 이스라엘이 공격을 감행했다.

2. 마약 유통과 이민에 이상적인 지역

지브롤터 해협은 마약과 이민의 왕래에서 가장 손꼽히는 장소 중 한 곳이다. 아프리카와 유럽 간의 거리가 14킬로미터에 불과해 초고속 보트로 왕래하며 순찰과 감시망을 피해 화물을 가장 빠른 속도로 적재할 수 있으며, 이민자는 때때로 가능성이 희박한 방법까지 동원해 해협을 건너려고 시도한다.

3. 해적선의 출몰

한 국가의 해양 공간은 영토의 연장이므로 한 국가의 정치적 불안은 해양 지역의 안전을 위협한다. 해적들은 위도 상으로 카리브 제도, 기니만 등 다양한 지역에서 출몰하고 있다. 해상 왕래가 해협과 그 주변에 집중되기 때문에, 이 지역에서 해적들이 더 활발히 활동하는 건 놀랄 만한 일은 아니다. 2004년 42건의 해적선 공격이 바브엘만데브 해협의 입구 아덴만에서 집계되었고, 2009년 212건이 집계될 때까지 계속 증가 추세였다. 반대로 말라카 해협에서 해적선 공격은 2005년 102건에서 2009년 45건으로 감소했다.

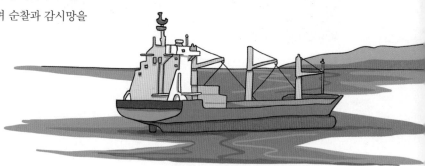

북극 지방의 빙하가 녹으면서 새로운 해양 항로가 열리고 국제 해협에서 러시아와 캐나다 해협을 분류해야 하는 상황이 올 수 있다. 만약 극지방의 해양 경로에서 왕래가 증가하면 더욱 복잡한 일들이 벌어질 수 있다.

☕25 파탄 국가는 어디일까?

한 회사가 실패해서 문을 닫는 것처럼, 어떤 정부가 자신들의 영토에 권력을 행사하고 최소한의 서비스를 약속하는 것이 어려울 만큼 쇠약해질 수도 있다. 그런 국가를 '파탄 국가'라고 부른다. 한 국가가 이런 위기 상황에 놓이면 국민에게 어떤 영향을 끼칠까? 파탄 상황에 빠진 국가를 재정비하는 것은 가능한가?

파탄 국가란 무엇인가?

유사한 단어는 많다. 쇠락하는, 실패한, 구조를 상실한, 몰락한 국가 등. 이 단어들은 모두 합법적 권력에 대한 독점권을 상실하고 국가로서 수행해야 할 근본적인 임무들, 말하자면 법치 국가(정치·정부·시민에 대한 권리의 우위가 법의 지배를 받는 국가)를 더 이상 보장할 수 없는 국가를 지칭하고 있다. 일관성과 지속성을 위태롭게 하는 문제에 직면한 국가들이다.

씽크탱크평화기금과 외교 전문 잡지 〈포린 폴리시〉는 2005년부터 전 세계 국가들의 연대와 안정을 구축할 연간 순위 '파탄 국가 지표'를 발표하고 있다(현재는 '취약 국가 지표'로 이름이 변경되었다). 이 지표는 12개의 항목을 크게 3개 분야(사회·경제·정치)로 분류하고, 각 항목마다 0-10까지 점수를 매겨서 최종 점수가 0-120이 되도록 한다. 최종 점수가 0-20인 국가는 '매우 지속 가능한 국가'이며, 20-100이면 '지속 가능한, 매우 안정적인, 비교적 안정적인, 안정적인, 위험한, 위험 수위가 높은, 매우 위험한, 경보 단계와 극도의 경보 단계인 국가'의 범주로 분류된다. 그리고 최종 점수가 100-120이면 가장 많이 노출된 국가다. 한 국가의 취약성을 측정하기 위해 선택된 지표는 전문가에 의해 인정되었지만, 각 항목에 부여된 점수는 때로 논의의 대상이 된다.

파탄하고 있다고 말하며 손가락질하는 것이 완전히 중립적인 입장을 취하는 것을 의미하지는 않는다는 사실에 주목할 필요가 있다. 더구나 투자자들의 두려움을 부추겨서 결국 자본을 회수하는 상황까지 전개되면, 이것은 정치적·외교적 이해관계를 은닉할 수 있으며, 나아가 국제적 단체의 개입을 정당화하기도 한다.

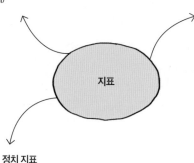

경제 지표
개발의 불평등(교육, 고용, 부의 분재)
경제 쇠락(비공식적 분야의 증가)
공무원 임금의 감소 가능성

사회 지표
인구 통계학상 압력
난민/부적절한 이동
공동체의 폭력, 차별, 잠재적 내전
이민

정치 지표
국가의 범죄화와 불법화
공공 서비스의 점진적 약화
법치 국가의 중단과 광범위한 인권 침해
엘리트 집단 내 파벌 출현
외국의 개입

상황을 규정하는 데 어려움이 따르기는 하지만, 국가가 받은 점수는 부인하기 힘든 현실을 반영한다. 그나마도 이런 지표들은 국제연합에 가입된 국가에만 적용되며, 명확한 정치적 자격이 결여되어 많은 지역이 누락되어 있다. 대만, 코소보, 서사하라, 팔레스타인 지역 등이 이런 경우다. '파탄'이라는 단어는 미디어에서 다양한 맥락에서 사용되었는데, 무엇보다 심각한 인도주의적 위기에 봉착해 이를 해소하려는 부담에 압박을 받는 국가를 지적하고 있다. 라이베리아, 아이티, 르완다가 여기에 속한다. 그러나 이 단어는 몰도바, 그루지야 등 전체 영토를 통제할 수 없었던 구소련 공화국을 가리키기도 한다. 현재는 극심한 폭력적 갈등과 내전을 겪고 있으며, 이를 해결해야 할 부담을 안고 있는 국가를 암시적으로 지칭하고 있다.

파탄 위기에 놓인 국가는 어디인가?

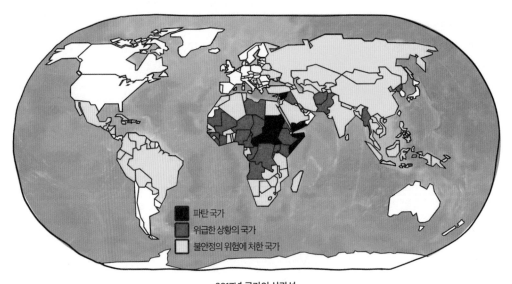

2017년 국가의 상관성

2005년, 전체 점수가 100을 넘는 국가는 7개국(코트디부와르·콩고민주공화국·수단·이라크·소말리아·시에라리온·차드)이었다. 취약 국가 지표는 2015년 16개국, 2017년 13개국으로 집계됐다. 지표에서 괄목할 만한 호전 상황도 읽어낼 수 있었다. 2007~2017년에 가장 주목할 만한 진보를 이루어낸 국가는 쿠바, 몰도바, 투르크메니스탄, 벨라루스, 우즈베키스탄 순이며, 반대로 리비아, 시리아, 예멘, 말리는 가장 악화된 상황에 직면해 있다.

1. 남수단공화국
2. 소말리아
3. 예멘
4. 시리아
5. 중앙아프리카공화국
6. 콩고민주광화국
7. 수단
8. 차드
9. 아프가니스탄
10. 짐바브웨

파탄 국가를 재정비할 수 있을까?

경제협력개발기구는 파탄 국가의 상황을 개선할 수 있는 10대 원칙을 발표했으며, 이는 국가의 상황이 호전되는 데 효과적으로 작용했다.

1. 시발점과 같은 맥락을 파악하라. 어떤 이유로 상황이 발생했으며, 그 이유는 무엇인가?

2. 피해를 주지 마라. 행위자들이 강력히 저항하더라도, 국가에 대한 소신을 폭력의 범주에서 유리한 고지를 점하려고 시도하지 마라.

3. 국가 건설을 핵심적 목적으로 설정하라. 영토를 안정시키려면 국가의 권력과 권위를 되찾아야 한다.

4. 분쟁 방지에 우선권을 두라. 말하자면, 앞으로 몇 달 또는 몇 년 안에 국가 상황이 악화되는 것을 막아라.

5. 정치, 안전, 발전 목표들 사이의 연결고리를 인식하라. 상이한 분야에서 결정을 내려야 한다.

6. 포괄적이고 안정적인 사회를 위한 기초로서 비차별주의를 증진시켜라.

7. 각 지역에서, 지역적 상황에 맞는 우선순위를 규명하라.

8. 비정부기구, 국제기구 등 국제적인 행위자들의 행동에 합의하라

9. 빠르게 개입하라. 하지만 성공할 수 있을 만큼 충분히 오랜 시간 개입할 준비를 하라.

10. 어떤 경우에도 배제되는 사람들이 발생하지 않도록 막아라.

아프리카와 중동의 일부 국가들이 이 취약성에 가장 노출되어 있다. 복구에 더 많은 시간이 걸릴수록 (형법적, 정치적, 준군사적 등) 조직에 그들의 행위를 전개시키는 데 더 많은 시간이 걸린다. 가장 취약한 국가 중 하나로 분류된 소말리아는 전 세계에서 가장 부패한 국가이며 해적 행위에 시달리고 있다. 또한 이슬람 국가들은 이라크와 시리아의 취약한 상황을 이용해 그곳에 들어가려 한다. 무아마르 카다피 정권 붕괴 후 상황이 악화된 리비아에서 대규모의 노예 이주와 이민자의 이동이 전개되었다.

26 빈민촌은 어디에 있을까?

파리의 협소한 지역에서 리오 데 자네이루의 푸른 언덕까지 수천 명의 사람들은 난림으로 지어진 집에서 살고 있다. 이 지역에 거주하는 사람들은 공식적으로 인정받지 못한 채 사회 기반 시설 없이 살고 있다. 남아프리카공화국에서 인도까지 빈민촌은 어떻게 지어진 것일까? 빈민촌 거주민의 미래는 앞으로 어떻게 개선될 수 있을까?

깡통촌, 슬럼, 판자촌?

'빈민촌'을 뜻하는 '깡통촌'은 마그레브(모로코·알제리·튀니지를 총칭하는 말-역주) 지역의 거주지를 일컫는 말로 1953년 처음 사용되었다. 마그레브 지역에서는 재활용 재료, 특히 원유를 담았던 양철통을 납작하게 눌러 집을 짓는 데 썼다. 인류학자 르네 모니에는 이 표현의 기원과 관련해 그때 그곳에서 불법적으로 거주하기 시작한 사람들 대부분이 마그레브의 대규모 공장이나 착유 공장에서 해고되었기 때문에 이 재료를 손쉽게 손에 넣을 수 있었다고 설명한다. 오늘날에는 이외에도 몇 개의 단어가 불법 거주지를 가리키는 말로 쓰인다. 인도의 '슬럼', 브라질의 '판자촌', 남아프리카공화국의 '흑인거주구'다. 국제연합이 내린 정의에 따르면, "위생적인 물과 정화 시설이 없으며, 지속 가능한 주택의 조건과 적절한 표면적이 부족하고, 보유지의 안전이 결여된 지역"을 말한다. 간단히 말하면, 불법 지역은 도시 계획에 따라 건설되지 않았고

판자촌

흑인거주구

거주민 역시 토지의 소유자나 세입자가 아니다. 법적인 측면에서, 그들은 공간을 불법 점령하고 있어서 언제든 쫓겨날 위험에 처해 있다. 개발 계획에 따라 건설되지 않았기 때문에 불법 거주지는 불안정성을 안고 있다. 식수로 사용할 물을 공급받지 못하고, 하수도가 없으며, 위생 시설이 없고, 주변 지역과 연결되는 교통망이 없어서 단절된 채 극도의 빈곤과 사회의 무관심, 범죄, 차별 및 질병에 노출된다. 더 정확한 기준을 제시하자면, 이 지역은 인구 과밀 지역으로 폭력에 노출된, 가혹한 곳이다.

가장 큰 빈민촌은 어디인가?

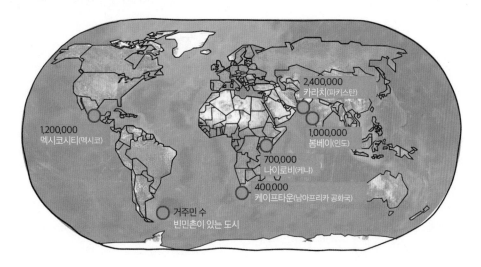

2,400,000
카라치(파키스탄)

1,200,000
멕시코시티(멕시코)

1,000,000
봄베이(인도)

700,000
나이로비(케냐)

400,000
케이프타운(남아프리카 공화국)

거주민 수
빈민촌이 있는 도시

빈민촌 대부분이 개발도상국에 있지만, 경제적으로 부유한 선진국의 도시에도 있다. 지구상에서 많은 사람이 허가받지 못한 지역에 살고 있다는 사실은 상상하기 어렵다. 세계에서 가장 큰 빈민촌은 파키스탄에 있는데 무려 200만 명이 넘는 거주민이 살고 있고, 이 수치는 파리의 거주민 수치와 같다. 이 비율은 상상을 초월할 만큼 터무니없다. 파리에 사는 사람 전부가 빈민촌에서 살아가는 모습을 상상할 수 있을까?

90퍼센트

빈민촌의 90퍼센트는 개발도상국에 있다.

빈민촌 문제를 어떻게 해결할까?

전 세계적으로 빈민촌에 사는 인구는 10억 명 이상으로 7명당 1명인 셈이다. 이 데이터는 현상의 범위를 알게 해주면서 많은 사람을 위한 해결책을 찾는 어려움에 대해서도 인식하게 한다. 이런 지역들이 생성되는 논리를 이해하면, 이 현상을 제어(또는 해결)하는 데 작용할 요인들을 명확하게 밝힐 수 있다. 농촌 탈출, 이주 인구 증가 등의 현상은 사람들을 도시에서 일하고 싶도록 만든다. 이들은 수단이 없기 때문에 도시에서 부동산을 구입하거나 임대할 수 없고, 그래서 빈민촌에 자신들의 피난처를 만들어 대피한다. 국제기구는 이 현상과 싸우기 위해 2000~2015년에 새천년개발목표(MDG)를 세우고 몇 가지 요소를 투입했지만, 2015~2030년 동안 지속 가능한 개발 목표에서 전적으로 빈민촌에 집중되어야 할 일들을 발견했다. 빈민촌의 생활환경을 개선하는 일은 교통수단, 에너지, 교육, 노동, 안전에 대한 대책을 마련하는 걸 의미하기 때문에 간단하고 쉬운 일은 아니다. 말하자면 인구를 재배치해야 하는데 이것이 때로는 문제를 일으킨다. 이 문제는 간단하지 않기 때문에 해결하기 위해서는 여러 요소를 고려해야 한다. 그렇지 않으면 문제를 해결할 수가 없다. 예를 들면, 과거 빈민촌에 살다가 교외 거주지로 옮긴 인도인 중에는 새로운 거주지를 떠나 이전 거주지의 비공식성 속으로 돌아갔다. 케냐에서도 똑같은 현상이 발생했다. 사회에 편입되는 걸 거부한다고 생각할 수 있지만, 그들이 그러한 선택을 하는 데 다른 요소들이 작용할 수 있다는 사실을 간과하고 있다. 국제기관이 내놓은 해결책은 사실 몇몇 전문가들의 비판을 모면할 수 없었는데, 전문가들은 해결책이 문제의 형태, 즉 새로운 거주지를 마련하는 것에 그치며 문제의 근본 본질에 가닿지 못한다고 판단했다. 대책은 거주민의 빈곤 문제를 해결하기 위한 문맹 퇴치나 생활이 가능한 급여를 받을 수 있는 일자리 마련까지 나아가지 못했다. 또한 일단 새 거주지로 이사하면(때로는 이전 빈민촌만큼이나 열악한 환경이다) 이전 거주지에서 가까웠던 일자리를 잃고 자녀들의 학교 문제도 복잡해진다. "거주 문제는 단지 기술상의 문제가 아닌 사회 문제다." 도시문제 전문가 버지니아 래치멀은 이렇게 지적했다.

3명 중 1명

도시 거주민 3명 중 1명은 빈민촌에 거주한다.

지붕이 있는 집을 제공하는 것으로 충분하지 않으며, 해결 방안에 모든 필요를 고려해 담지 못하면 문제는 해결되지 않는다.

민영 시설이 몇몇 빈민촌에 특별히 유용한 경우도 밝혀졌다. 구글어스가 그것이다. 구글에서 제공한 위성사진 덕분에 브라질과 인도의 협회는 시의 도시 계획 지도보다 더 정확한 지도로 정확한 조사를 수행할 수 있었고, 더 완전한 우편 망과 도로망을 건설해 빈민촌을 접근이 쉽고 적응하기 좋은 지역으로 재배치할 수 있는 최선의 선택을 할 수 있었다.

멕시코시티 주변 지역

주거 문제를 전망하면?

매해 전 세계에는 독일 인구만큼의 인구가 증가하고 있다. 지구에 365일 만에 8,900만 명의 새로운 사람이 나타난다는 뜻이다. 세계 인구가 이렇게 증가하면서 도시에 거주하는 인구도 늘고 있다. 국제연합에 따르면, 도시에 거주하는 인구는 1960년에 세계 인구의 34퍼센트, 2014년에는 54퍼센트다(같은 기간 내 세계 인구는 2배가 되었다). 이런 추세는 단기간 내 멈추지 않을 것이다. 국제연합은 2030년 도시에 거주하는 세계 인구가 50억에 달할 것으로 추정한다. 이 수치는 전 세계 추정 인구 83억 명의 60퍼센트에 달하는 수준이다! 현재 몇몇 대도시에서 주거 문제를 해결하는 것이 매우 어렵다는 사실을 고려하면, 가까운 미래에 빈민촌에 거주하는 사람들이 더 늘어날 거라고 상상하기는 어렵지 않다.

세계 인구 증가에 대해 말할 때, 이로부터 파생되는 문제점들이 같은 계획선에 놓이지는 않는다. 실제로 우리는 인구를 어디에 거주하게 할 것인지의 문제보다 인구를 어떻게 먹여 살릴 것인지에 우선 집중한다. 그러나 빈민촌 문제는 지속적으로 특별 프로그램을 통해 관리해야 하며, 그것이 지구상의 빈부 격차가 더 벌어지는 것을 막을 수 있는 방법이다. 외관상으로는 도시계획과 인구 통계 문제와 연관 있는 것처럼 보이는 이 주제는 사실 마약 생산, 이민, 암거래 및 밀수업과 공통점이 있다. 문제의 본질은 '빈곤'과 연결되어 있는 것이다.

🏆27 종교 순례는 왜 갈등을 빚을까?

메카, 예루살렘, 루르드에 대해서는 들어보았지만, 제르바 섬(튀니지 동남 해안 앞바다의 섬-역주)이나 카르발라(이라크 중앙부 카르발라주의 주도-역주) 또는 알라하바드(인도 북동부 우타르프라데시 주의 도시-역주)와 같은 지명은 낯설 것이다. 신자들이 성지로 인정하는 장소로 떠나는 현상은 전혀 새롭지 않으며 모든 종교에서 찾아볼 수 있다. 전 세계에서 가장 큰 순례는 무엇이며, 종교 순례는 어떤 방식으로 국가와 도시에 영향을 주는가?

순례란 무엇인가?

우리는 신자가 신앙의 장소를 향해 가는 여정을 묘사할 때 '순례'라는 단어를 사용한다. 이 장소는 한 종교의 신자들이 신성하다고 여기는 곳인데, 어떤 신성함(출현이나 기적에 대한 이야기 · 유물의 존재 등)과 직접 연결되어 있기 때문이다. 영국의 스톤헨지는 기원전 2400년으로 증명된 이 행위가 얼마나 오래되었는지 보여주고 있다.

순례자는 2000년에 2억 4,000만 명이었지만, 2016년에는 5억 명 이상으로 증가했으며 이는 프랑스 전체 인구의 약 7.5배다! 전체 순례자 가운데 5분의 1이 기독교, 5분의 1이 힌두교이며, 나머지는 여러 종교 순례자가 차지하는데 이슬람교와 불교가 가장 많다. 지난 세기에 순례자의 수가 증가한 것은 교통비가 낮아지고 관광 산업이 발전하면서 여행이 쉬워졌기 때문이다.

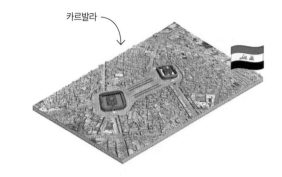

카르발라

1,500만 명

순례자 1,500만 명이 2017년에 이라크의 카르발라를 방문했다(같은 해 1,200만 명의 순례자가 사우디아라비아의 메카로 향했다).

종교별 주요 순례지는 어디인가?

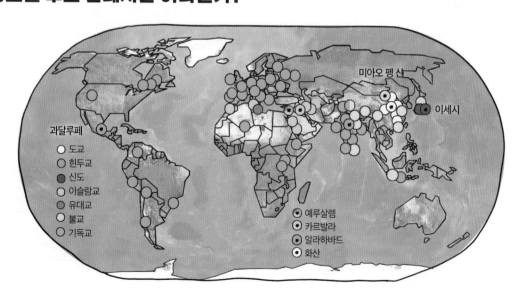

미아오 펑 산

이세시

과달루페

○ 도교
○ 힌두교
● 신도
○ 이슬람교
◐ 유대교
○ 불교
○ 기독교

◉ 예루살렘
◑ 카르발라
◒ 알라하바드
◎ 화산

순례지의 분포는 전 세계 종교의 분포를 정확히 보여준 다. 유대인이 주로 예루살렘의 통곡의 벽, 튀니지의 그 리바 회당, 알제리의 틀렘센에 모이고, 이슬람교도는 메 카하지(이슬람력 12월 7일부터 12까지 진행되는 성지 순례 의 식-역주)나 움라(하지가 이슬람 음력에 따라 특정 날짜에 진행되 는 반면 움라는 연중 언제든지 수행할 수 있는 이슬람 순례-역주) 를 하기 위해서다. 메디나사우디아라비아(헤자즈 지방에 있 는 내륙 도시-역주), 예루살렘으로 가는데 시아파는 카르발 라에 모인다. 바티칸의 성 베드로 대성당은 2012년 기독 교 순례자가 가장 많이 찾은 장소였으며, 그다음이 멕시 코의 과달로페 성모 성당으로 그해 2,000만 명의 순례자 가 찾았다. 힌두교도는 쿰 메일러 순례(12년에 한 번씩 열리

는 힌두교 축제의 하나-역주)와 힌두교도의 가장 오래된 순 례지인 크룩쉐트라, 겐지스강과 그 지류의 물속에서 수 행되는 초타 차르 담 행렬을 기념하고 축하한다. (쿰 메일 러 순례는 2013년에 1억 2,000만 명이 모였는데, 아마 세계 기록일 것이다!)

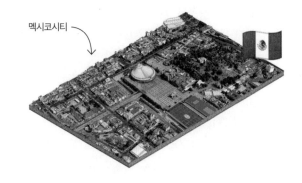

멕시코시티

순례는 어떤 영향을 끼치는가?

종교 순례는 성지 주변에 사회 기반 시설과 활동을 창조 하며 경제 분야에 변화를 준다. 프랑스의 루르드는 순례 자를 받아들이기 위해 숙박 시설을 지었는데, 그 결과 프 랑스에서 두 번째로 호텔이 많은 도시가 되었다. 첫 번째 는 파리이며, 1만 5,000명 거주민에 1만 3,000개의 호텔 방이 있다. 또한 도시가 발전하면서 포 공항이 국제공항 으로 커졌다.

순례자는 교통·숙박·식당·기념품 등을 소비하는데, 이 것은 성지 근방에 거주하는 사람들에게 중요한 수입원이 되고 있다. 그래서 일부에서는 '자비의 비즈니스'라고 말 하기도 한다(2013년 핫즈 기간 동안 메카는 200억 달러의 수입 을 벌어들었다). 그러나 순례에서 창출되는 수입에만 전적 으로 의존하는 것은 위험할 수 있다. 예를 들어, 2011년 루르드는 순례를 통해 3억 2,000만 유로의 수입을 벌어

들였지만, 2년 뒤에는 몇 차례 홍수가 나면서 길이 차단 되어 그해 순례를 통한 수입은 1,300만 유로에 불과했다. 상인들에게는 큰 타격이었다.

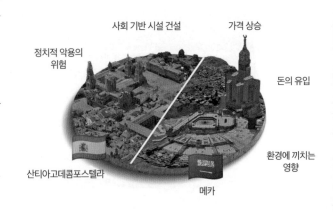

사회 기반 시설 건설   가격 상승

정치적 악용의
위험

돈의 유입

환경에 끼치는
영향

산티아고데콤포스텔라

메카

순례가 정치적으로 이용된다면?

정치와 신학이 하나인 지역에서는 많은 사람이 모이는 집회가 정치적 영향력을 행사할 수 있는 좋은 기회가 된다. 중동 지역에서는 국가 간의 영향력이 반드시 종교라는 필터를 통과한다. 사우디아라비아와 이란은 이슬람교의 주요한 두 줄기, 정통 회교파와 시아파에서 지도자로 자리를 굳히기를 열망하면서, 지역 지도자 자리를 놓고 갈등을 빚고 있다. 메카와 카르발라의 순례는 이런 맥락에서 갈등과 분쟁을 유지하는 간접적 수단이 되었는데, 두 세력 간의 분열을 연장시키고 있기 때문이다. 사우디아라비아는 정통 회교파 성지를 지키고 있어서, 이 나라는 주저함 없이 주변 이웃 국가들과의 정치 협상에 성지를 무기로 이용하고 있다.

정치적 요인 외에도 안전에 영향을 줄 수 있다. 2015년 메카 순례 동안 엄청난 인파가 몰리면서 2,400명의 희생자가 발생했다(이 중 466명이 이란인이었다). 아라비아 반도의 지도력에 흠집을 낼 기회를 놓치지 않고, 이란은 그런 행사를 수행하는 어려움을 지적하며 사우디아라비아를 비난했다. 그 결과, 사우디아라비아는 이듬해 메카 순례에 이란인을 금지하면서 비난에 대응했다. 이 지역에는 또 다른 안보 문제가 있는데, 이슬람 국가들이 지하디스트 정통 회교파의 줄기라고 주장하며 2014년 카르발라의 시아파 순례자를 공격하면서 1명이 사망하고 4명이 부상을 입힌 것이다. 시아파 교도는 이듬해에도 굴복하지 않고 무리를 이루어 도시로 모여들었다.

> **5,000유로**
>
> 프랑스에서 출발하는 여정으로 계산한 핫즈 순례 비용은 지속적으로 상승하고 있다. 2007년 2,500유로에서 2018년에는 평균 5,000유로가 되었다.

신도들은 정신을 집중해 묵상하려는 목적으로 순례를 하지만, 순례는 일종의 관광과 흡사해 경제적 영향력을 가져온다.

해마다 더 많은 신자를 불러 모으는 종교 행사는 정치적 도구가 될 위험이 있다. 메카 순례를 통해 벌어들인 수입은

원유 다음으로 두 번째 큰 규모다. 이런 경제 규모와 영향력을 인식하며, 어디서 종교가 끝나고 어느 지점에서 정치와

경제가 시작하는지 관찰하는 것은 매우 흥미롭다.

28 남획을 왜 막아야 할까?

산림 벌채, 탄화수소 추출, 남획… 확실히 인간은 자원을 관리할 때 스스로를 통제하지 못하는 것 같다.
수년 전부터 바다의 상황에 대한 경고를 받아왔지만, 어획량은 일반적으로 언급되는 것보다 훨씬 심각
한 수준이다. 과거보다 어획량은 늘어났을까? 과도하게 잡아들인 어종은 얼마나 될까? **장화를 신고 방
수복을 입고 도대체 먼 바다에서 무슨 일이 벌어지고 있는지 나가보자.**

세계 어획 상황은 어떠한가?

2016년 어획 총생산량은 1억 7,100만 톤이었다. 여기에는 바다에서 수확한 생선, 새우나 게 등의 갑각류, 낙지나 문어 등의 연체동물과 양식을 통해 생산된 것이 모두 포함된다. 바다에서 잡은 것만 살펴보면, 2015년과 2016년 사이에 200만 톤이 감소했으며 그 원인 중 하나는 엘니뇨 현상(단기간에 발생하는 해수 온난화 현상으로 물고기떼를 쫓음)을 들 수 있다. 세계 최대 생산국이자 수출국인 중국의 어획량은 2016년에도 안정적이었다. 중국 다음으로는 노르웨이, 베트남, 태국 순이다. 그러나 앞으로 몇 년 후 중국의 어획량은 크게 감소할 것으로 예상된다. 정부 규제로 인해 지금부터 2020년까지 감소량은 약 500만 톤으로 추정된다.

왜 이렇게 어획을 하는 걸까? 그 이유는 전 세계적으로 수요가 늘고 있기 때문이다. 1960년 1인당 소비량은 연간 10킬로그램이었고, 2012년에 19킬로그램, 2016년에는 20.3킬로그램으로 증가했다. 거의 50년 만에 2배로 늘어난 셈이다. 이쯤에서 심각한 고민거리와 마주하게 된다. 어떻게 바닷속의 생선 보유량을 관리하면서 어업 자원을 제공할 수 있을까 하는 점이다. 국제연합식량농업기구(FAO)는 불법 어획이 저항을 하고 특정 어류가 위협받고 있다는 경고에도 불구하고 자신감을 나타낸다.

남획은 어디서 이루어지는가?

과거에 남획을 자행했던 유럽연합은 엄청난 노력을 기울이고 있으며, 현재는 리더의 역할을 하고 있다. 태국, 파푸아 뉴기니, 가나는 불법 어획에 대한 경고 조치를 받았고, 북한과 필리핀, 토고는 이전의 제재 조치에 따라 어획을 조정했다.

어업과 양식업 분야는 매우 중요한 생계 수단으로, 2016년 5,960만 명이 이 분야에 종사하고 있다(어업 4,030만 명, 양식업 1,930만 명). 이 수치는 1995~2010년에 증가했지만, 그 이후로는 전 세계적으로 안정적인 추세다. 2016년, 어업과 양식업에 종사하는 전 세계 인구의 86퍼센트는 아시아, 10퍼센트는 아프리카, 4퍼센트는 남미에 거주하는 것으로 알려졌다. 유럽과 북미 대륙, 오세아니아 대륙에는 1퍼센트 미만이 거주했는데, 아시아와 아프리카, 남미 지역에서는 어업이 여전히 수공업 방식이기 때문이다.

지중해에서 조업 중인 스페인 어부

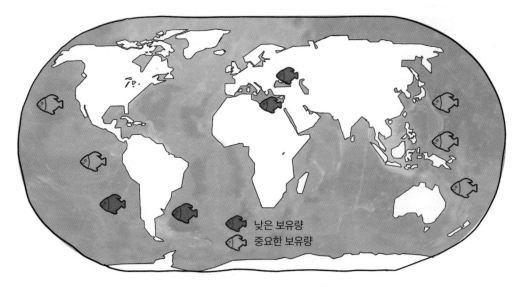

2015년 기준 남획된 어류의 보유 상황

어류 자원은 보호받고 있는가?

국제연합식량농업기구에 따르면, 종의 번식을 고려하면서 포획·관리하는 어류 보유고는 1974년 90퍼센트에서 2015년 61퍼센트가 되었다.

2015년, 상업용 참치종 보유고의 43퍼센트가 한계를 준중한 57퍼센트선을 어기고 회복 능력을 넘어 포획되었다. 2014년, 상어와 가오리의 3분의 1이 멸종 위기에 놓였는데 근본적으로 남획이 원인이었다. 북유럽의 농어는

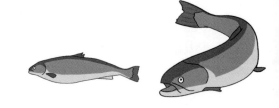

위험에 처했지만, 지중해 참다랑어는 다시 돌아왔다. 지난 십여 년 간 무분별하게 잡아들인 어종을 보호하기 위해 취한 조처들이 드디어 결실을 맺은 것이다. 어선이 정박하는 순간과 소비되는 시간 사이에 손실이 여전히 27퍼센트에 육박하지만 어류 손실과 낭비는 감소 추세다. 그러나 세계의 몇몇 지역에서는 신뢰할 수 있는 통계치를 추산하기 어려운데, 잘못된 관리와 불법 어획으로 인해 데이터와 추정치가 왜곡될 수 있다. 보유고의 29퍼센트를 지속적으로 과도하게 포획하는 것은 긍정적인 신호가 아니며, 이것이 계속된다면 우리가 모든 것을 되돌려 놓기란 불가능해 보인다.

전 세계 생선 보유 상황

10%	61%	29%
포획 중	포획 중이며 지속적 관리 상태	남획

어떤 어종의 수를 회복하려면 그 종의 수명보다 2배 내지 3배가 더 필요하다. 여러 나라에서 상황이 진척되고 있긴 하지만(미국에서 11년간 지속적으로 관리해온 종은 +19 퍼센트, 호주의 경우 +42퍼센트), 2030년 지속가능발전목표(SDGs, UN 의제)에서 확정된 목표가 달성되기는 어려워 보인다.

양식업이 해결책이 될 수 있을까?

바다에서의 양식업이 지금부터 2050년까지 60퍼센트 증가할 것으로 예상되는 가운데 이는 전 세계 식량 공급 문제에 대한 해결책이 될 수 있다. 수렵 후 수백 년 동안 소와 돼지를 길러온 것처럼, 수산물을 양식한다는 생각은 논리적 연장선상에 있다.

양식업은 1980년대 말부터 안정적인 기조였으며, 어류의 지속인 성장을 책임지고, 몇 년 안에 바다에서 잡은 어류 전체보다 더 많아질 것이다. 국제연합식량농업기구는 우리가 좀 더 노력을 기울이면, 2050년에는 바다 덕분에 90억 인류를 먹여 살릴 수 있을 것이라고 예상한다. 현실적인 시나리오에서는 추정 식량 수요의 100퍼센트 중 63퍼센트는 양식업으로, 19퍼센트는 포획 후 손실

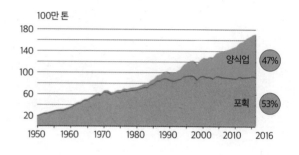

분 감소로, 12퍼센트는 현재 동물 사료용으로 생산된 생산품의 일부에서 충당되며, 나머지 6퍼센트는 어류 보유량의 관리 개선과 배 밖으로 버리는 양의 감소를 통해 가능하다. 이에 따르면, 미래 전망은 밝다.

수산업의 미래는 2개의 축으로 전개될 듯하다. 한 축은 국제기구가 설정한 개발 목표를 달성하기 위한 보유고 관리 개선이고, 다른 축은 양식업의 확장이다. 그런데 대규모로 소를 사육하면서 환경 파괴라는 결과를 초래했는데, 바다에서의 양식업은 어떻게 전개될까? 또한 우리는 지구 온난화가 해양에 미치는 영향과 산성화, 플라스틱 오염, 산호와 맹그로브의 파괴에 대해 걱정하지 않으면서 남획과 불법 어획에 맞서 싸울 수 없다. 바다는 하나로 연결되어 있으며 곧 전체이기 때문에, 이 모든 요소를 고려해야 한다.

SNS는 민주주의를 발전시킬까?

프랑스와 미국의 최근 선거는 변화의 전조를 보여주었다. 정치에서 소셜 네트워크의 활용이 폭증한 것이다. 트윗부터 프로그래밍된 댓글까지, 소셜 네트워크는 정치 지도자뿐 아니라 시민들도 적극적으로 이용하는 도구가 되었다. 2011년, 소셜 네트워크는 '아랍의 봄'에 열렬히 참여했으며, 2015년에는 안전한 지역으로 이주하는 데 필요한 정보를 교환하는 이민자들에 의해 적극적으로 활용되었다. 지금부터 스마트폰과 각종 태블릿 PC가 다르게 보일 것이다!

가장 인기 있는 소셜 네트워크는?

페이스북이 1위이고 다른 네트워크보다 계속 앞서고 있다. 매초마다 4,100개의 게시글이, 24시간마다 3억 5,000개의 사진이 업로드되고 있다. 2004년 12월 가입자 수백만에서 2018년 1분기에 22억이 되었다. 이런 폭발적인 증가에는 초기에 유럽과 북미 국가의 가입자가 큰 역할을 했지만, 현재는 인터넷 연결망이 강화되면서 개발도상국으로 확대되고 있다. 그리고 유튜브가 두 번째 자리를 차지한다. 프랑스에서는 매달 3,750만 명이 유튜브 채널에 접속하는데 이는 전체 인구의 81퍼센트에 해당한다. 그리고 3개의 채팅 응용 프로그램이 선보였고 처음에는 문자만 주고받았지만, 이제는 통화(화상 통화 포함)도 가능하다. 인스타그램과 트위터는 순위에서는 밑이지만

일부 선진국에서 인스타그램 가입자 수가 증가하고 있다. 이제는 '소셜 네트워크'라고 부르기보다 오히려 '소셜 미디어'라고 부르는데, 텔레비전 또는 라디오처럼 '미디어'라고 규정할 수 있도록 일방적인 정보 교환이 가능하기 때문이다. 어떤 사람들은 '시민 미디어' 또는 '대안 미디어'라고 부르는데, 통용되는 정보가 의무화된 규정을 벗어나 기존의 전통적인 미디어와는 구별되기 때문이다.

> **810퍼센트**
>
> 아프리카 대륙에서는 페이스북 가입자가 2010년 이후 810퍼센트 급증했다.

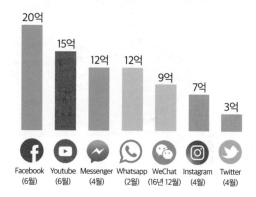

2017년 전 세계에서 가장 인기 있는 소셜 네트워크

| 20억 | 15억 | 12억 | 12억 | 9억 | 7억 | 3억 |
| Facebook (6월) | Youtube (6월) | Messenger (4월) | Whatsapp (2월) | WeChat (16년 12월) | Instagram (4월) | Twitter (4월) |

소셜 네트워크는 어떻게 활용되는가?

다음 3가지 주요 트렌드를 관찰할 수 있다.
1. 북미, 유럽, 남태평양 아시아에서는 페이스북, 유트브, 트위터 순이다.
2. 남미, 아프리카, 중동 아시아와 오세아니아 대륙에서는 페이스북, 유튜브, 인스타그램이 지배적이다.
3. 러시아와 중국은 상황이 다르다. 러시아에서는 브콘탁

테, 오드노클라스니키, 페이스북, 이 3개의 소셜 네트웨크의 가입자 수가 가장 많다. 중국의 경우 유쿠(유튜브와 유사), 큐존(페이스북과 마이스페이스를 섞은 형태), 시나웨이보(트위터에 해당)이다. 중국에서 이들 어플리케이션이 주로 사용되는 이유는 언어 장벽 문제도 있지만, 이보다는 보수 정권에서 자국민이 서구 네트워크에 접근하는 것을

막고 있는 것이 더 크다.

페이스북이 주요 선진국에서 가장 유리한 위치를 점하는
반면, 남아메리카와 남태평양 아시아의 개발도상국가에
서는 유튜브가 1위라는 점은 매우 흥미롭다.

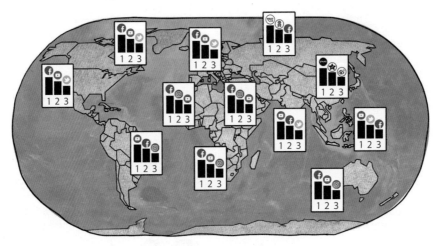

인기순으로 상위 3개 소셜 네트워크

소셜 네트워크는 혁명을 일으키는가?

유럽과 미국에서는 반란을 촉발시키는 주요 원인으로 웹
을 소개하며 '페이스북 혁명'과 '트위터 혁명'에 대해 이
야기한다. 그러나 일부 지역 언론인들은 사람들이 사회
적·정치적 이유로 거리로 나간다는 사실을 환기시키면
서 시간을 지연시킨다. 시위를 더 견고하게 준비하고 소
셜 네트워크로 사회 운동은 증폭된다.

그러나 소셜 네트워크는 어떤 경우에도 출발점이 아니
다. 소셜 네트워크는 해당 국가의 상황에 대해 외국 미디
어가 관심을 갖도록 하는 기능을 수행한다. 또한 자신이

어떤 관점을 공유하는 유일한 사람이 아니라는 점을 깨
달은 뒤 결집되는 모임으로 몇몇 언론인들이 '은둔자 반
란'이라 부르는 것을 설득하는 역할도 한다.

> **50일**
>
> 카메룬은 저항 세력을 진압하기 위해 인터넷 연결망
> 을 50일 넘게 고의로 차단했다.

민주주의와 소셜 네트워크의 관계는?

2018년 전 세계 인구의 절반에 가까운 사람들이 인터넷에 접속하고 있는데, 이 수치는 수십 억 명은 여전히 소셜 네트워크에 연결되어 있지 않다는 것을 의미한다. 이들을 미래의 잠정적 사용자로 본다면, 이 플랫폼은 해당 국가가 인터넷 범위를 넓히는 데 도움이 된다. 이 사람들은 인터넷이 정치 활동에 더 많이 참여할 기회, 정보와 지식에 접근할 수 있는 기회를 제공함으로써 현대화에 한 발자국 더 나아간다고 생각한다.

그럼에도 불구하고 인터넷망이 잘 갖춰진 국가들 중 일부는 소셜 네트워크에서 조직되는 반대 세력을 제어하려는 의도로 사회적으로 혼란스러운 시기나 선거 기간 동안 고의적으로 인터넷을 차단하는데, 이는 주로 개발도상국에서 발생한다. 이러한 방법은 정치적 탄압의 실질적인 도구이며, 2016년 7월 이후 국제연합은 이것이 심각한 인권 침해에 해당된다고 추정하고 있다. 디지털 권리 보호의 비정부기구인 어섹스나우에 따르면, 자발적 차단 기록은 2016년 56건이며, 이는 2015년 20건과 2005년 단 1건의 수치와 비교할 만하다.

유감스럽게도 카메룬은 정치적 저항 세력을 제어하려는 목적으로 인터넷을 차단한 세계 기록을 보유하고 있다. 2014년 3월, 레제프 타이이프 에르도안 터키 총리는 부정부패에 대한 규탄을 억누르기 위해 트위터를 차단했는데, 2016년에는 그가 자신의 지지자들에게 대량으로 전송한 트윗이 실패한 쿠데타로부터 그를 구해냈다. 이집트 정부는 2011년 1월, 소셜 네트워크에서 조직되는 혁명 세력을 막으려고 인터넷을 차단하는 결정을 내렸다. 그것은 나일강을 넘치게 만든 물방울이었다. 무바라크 정권은 결국 이집트 국민 여론에 밀려 사임해야 했다.

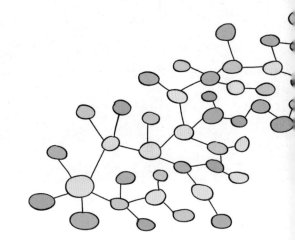

소셜 네트워크에 대해 말할 때는 그 기능에 대해 더 강조해야 한다. 정보의 대량화는 더 짧고, 더 직접적이고, 더 시각적인 콘텐츠를 부추긴다. 그래서 뉴스에서 눈에 뜨이는 부분만을 보여주는 경향이 강하며, 유사한 콘텐츠를 추천하면서 우리는 자신만의 생각 속에 편안하게 안주하도록 만드는 거품에 갇히게 된다. 버블 효과는 정치 활동과 시민 생활에 매우 위험하며, 항상 똑같은 콘텐츠만을 퍼트려 극단주의로 압력을 가할 수 있다. 특히 청소년에게는 미디어와 비판적 사고를 훈련시켜야 한다.

30 세계인구가 많은 걸까?

종말론을 다룬 수많은 영화나 소설은 인구 과잉인 최후의 날 지구의 모습을 묘사하고 있다. 그래프의 수치는 어두운 전망을 보여주며 더 나은 미래를 약속하지 않는다. 오늘날 지구상의 인구 증가는 허구와 거리가 먼 이야기일까? 이 주제에 대해 비정부기구는 어떤 결론을 내렸을까? 물론 현실은 할리우드만큼 극적이지 않다. 그러나 특정 상황에서는 드라마에 근접할 수도 있다!

인구 변화란 무엇인가?

현재 지구상에는 75억 6,979만 1,475명 이상이 살고 있다. 지구가 탄생한 이후 최대 인구다. 2018년 통계에 따르면 아메리카 대륙에 약 10억, 유럽 10억, 아프리카 대륙 10억, 아시아 40억 인구가 산다. 세계 인구는 증가하고 있는데, 사망 인구수보다 출생 인구수가 3배 많기 때문이다. 그 이유는 인구상 변화, 즉 출생률과 사망률이 높은 인구 구조에서 출생률과 사망률이 낮은 인구 구조로 4단계에 걸친 변이에서 살펴볼 수 있다.

첫 번째 단계는 '사전 – 변이'인데, 출생률과 사망률이 둘 다 높은 균형이 잡힌 전통적 상황이다. 여기서는 인구가 증가하지 않는다.

두 번째 단계는 영양 섭취, 위생, 의약품이 점진적으로 개선되면서 사망률이 급격히 떨어지는 변화가 시작되는 단계다. 사망하는 인구수는 줄어들지만 출생률은 여전히 높아서 인구가 급격히 증가한다. 아프가니스칸, 파키스탄, 차드 등이 이 단계에 해당하는 국가들이다.

세 번째 단계에서는 사망률이 지속적으로 감소하고, 출생률은 감소하기 시작하지만 사망률의 감소 폭보다 적

> ### 50명
> 세계 인구를 지구 표면과 비교했을 때 평균 밀도는 제곱킬로미터당 50명이 거주하는 것과 같다.

다. 인구는 계속 증가 상태다.

출생이 줄어들면서, '후기 –변이'라 부르는 네 번째 단계에 접어드는데, 출생률과 사망률이 둘 다 낮다. 대부분 선진국은 이 단계에 있으며, 자연적 증가율이 마이너스로 인구가 노화되고 새로운 인구로 교체되는 것이 원활하지 않다.

200년 전 유럽과 북아메리카에서 처음으로 인구 변화가 시작되었다. 그 뒤 특정 지역에서 네 번째 단계로 변화되는 움직임이 가속화되고 있다. 인구 변화는 다소 긴 시간 동안 진행된다. 스웨덴과 독일에서 150년이 걸린 반면, 남한에서는 50년 만에 네 단계가 진행되었다!

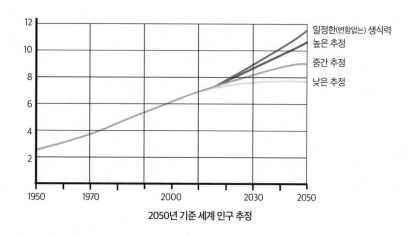

2050년 기준 세계 인구 추정

인구는 얼마나 증가하는가?

매해 독일 인구수에 해당하는 만큼 세계 인구는 증가하고 있다. 앞으로 30년 후, 아시아와 아프리카에는 각각 현재보다 10억 이상 증가하고, 세계 인구는 90억까지 증가할 것으로 보인다. 2100년까지는 계속 증가할 것으로 추정하고 있다.

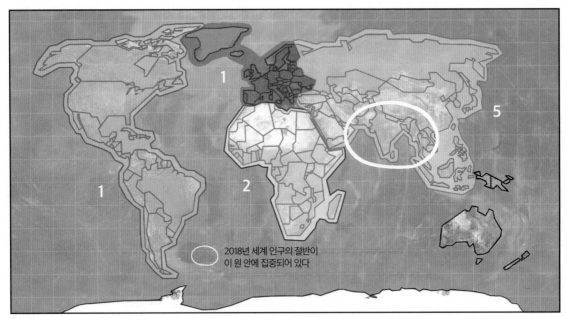

2018년 세계 인구의 절반이 이 원 안에 집중되어 있다

2050년 기준 세계 인구 분포 추정

인구가 많으면 문제인가?

그렇기도 하고 그렇지 않기도 하다. 현재는 1명당 평균 2헥타르로 지구가 인구 과잉을 겪고 있는 것은 아니다. 물론 분포는 선형이 아니지만 세계 인구에서 높은 수가 노시에 거주하며, 대도시(나이지리아의 라고스, 아프리카 콩고민주공화국의 수도 킨샤사, 페루의 수도 리마, 필리핀의 수도 마닐라, 일본의 수도 도쿄)에 대부분의 인구가 집중되어 있다. 그러나 이런 인구 증가는 또 다른 문제 제기로 이어지기도 한다. 증가한 인구를 위한 식량, 거주, 난방 문제는 어떻게 해결할 것인가? 장기적인 인구 증가는 자원과 공간에 대한 압박, 즉 갈등과 이민의 문제를 야기한다.

18세기 영국의 경제학사인 토마스 맬서스의 사상을 따

4분이 1

인구는 대도시에 집중되어 있으며, 대륙의 4분이 1은 거의 비어 있다.

르는 사람들은 세계 인구의 증가는 직접적으로 자원을 위협한다고 주장하며 우려를 표하고 있다. 그러나 대부분 전문가들은 세계 인구의 증가는 그 자체로 문제가 아니지만, 소비 지향적인 라이프스타일이 확산되면 위협이 될 수 있다고 추정한다.

인구 문제를 해결하는 방법은?

인구 문제를 풀기 위해서는 생산과 소비 방식을 바꾸어야 한다. 오랫동안 환경보호론자만이 싸워야 한다고 여겨져 온 문제에 대해 이제는 국적과 정치 성향과 관계없이 모두 투쟁해야 하는 상황이 되었다. 캐나다의 비정부기구인 국제생태발자국네트워크가 공개한 수치는 매우 걱정스러운 수준이다. 이 단체는 '초과의 날'을 정할 것을 허가했는데 '초과의 날' 우리가 지구의 능력(자연의 자원 생산 속도와 인류가 그 자원을 소비하는 속도와의 차이)을 넘어선 순간을 의미한다. 만약 지구상의 모든 사람들이 2018년 카타르 국민들의 생활 방식으로 산다면, '초과의 날'은 2월 9일로 고정되어야 한다. 룩셈부르크의 국민들처럼 산다면 2월 19일, 미국의 생활수준이라면 3월 15일, 프랑스의 생활수준이라면 5월 5일, 브라질의 생활수준이라면 7월 19일, 베트남의 생활수준이라면 12월 21일까지 미루어진다.

우리의 생활 방식을 지속적으로 유지하기 위해 즉각적으로 중요한 조치를 도입한다면, 전 세계 인구가 현재 필요로 하는 것을 충족시키는 데 도움이 되겠지만, 인구 증가를 즉시 멈추게 하지는 못할 것이며, 인구는 당분간 계속 증가할 것이다. 우리는 18세 미만의 아프리카 청소년이 30년 이내에 10억을 넘어설 것이라는 사실을 알고 있다. 계속 출생이 증가하는 국가들은 일정한 생활수준을 제공할 수 있을까? (대륙 내에서 그리고 국제적으로) 대규모의 인구 이동을 예상할 수 있을까? 개발 분야와 빈곤 퇴치 분야에서의 노력들로 이 국가들은 도전에 직면할 수 있을까?

젊은 세대를 위해서는 더 건강하고 지속 가능한 생활 방식을 향한 이런 전환에 성공하도록 과감히 도전해야 한다. 그러면 이 책에 소개된 문제와 숙제가 개선될 것이다. 인구 과잉의 경우, 물과 산림 벌채, 난민촌의 증가 등 자원 운영 문제가 가장 핵심이다. 인구가 가장 집중적으로 증가하는 지역의 빈곤 퇴치 노력은 당연히 지속되어야 한다.

세상에서 가장 작은 지식 충전소

지정학 카페

초판 1쇄 발행   2020년 7월 7일
초판 2쇄 발행   2021년 10월 15일

지은이   질다 르프랭스
옮긴이   최린

펴낸이   신민식
펴낸곳   가디언
출판등록   제2010-000113호

주 소   서울시 마포구 토정로 222 한국출판콘텐츠센터 306호
전 화   02-332-4103
팩 스   02-332-4111
이메일   gadian@gadianbooks.com
홈페이지   www.sirubooks.com

인쇄·제본   상지사 P&B
종이   월드페이퍼(주)

ISBN   979-11-89159-67-2 (03300)